新装版

人と企業の真の価値を高めるヒント

大久保寛司
Okubo Kanji

中央公論新社

新装版　まえがき

本書が世に出たのは、二〇〇一年のことです。その後、文庫化もされ、およそ四半世紀にわたって版を重ねてきました。自画自賛のようで誠に恐縮ですが、今読み返しても、あの時書いたことの本質は、なんら〝古びて〟いないと感じます。

でも、それは言い方を換えれば、二十一世紀初頭に指摘したことがいまだに立派に通用するということ。多くの企業のあり方が当時から変わっていない現実があると考えると、手放しで喜ぶわけにはいきません。

「失われた十年」は、いつの間にか「三十年」に延びました。そもそも、誰が何を「失わせた」のかもはっきりしないこの表現自体に、私は大いに疑問を覚えるのですが、ＧＤＰが伸び悩む中でも、やはり成長を続けている企業があります。それまでの壁を破って、大幅な収益の伸びを勝ち取った会社も存在するのです。

業種・業態が違っても、それを可能にした理由は単純明快です。お客様や市場に価値を提供できたからです。

価値を届けられる企業、すなわち顧客に必要とされる企業は、外部の環境に関わりなく、生き続けることができます。もし自社の価値が評価されなくなったと感じたなら、価値を生み出す方向に転換を図っていかなくてはなりません。これこそがビジネスの原点であり、時代がどのように移っても変わらないセオリーであると言えるでしょう。

あなたの経営する会社、働く企業は、お客様に支持される価値を生み出していますか？

満足を提供し続けていますか？

そのための工夫と努力を継続されていますか？

このことを今、あらためて問いたいと思います。

出版以来、本書を読んだ企業経営者や自治体関係者などからは、講演や組織運営に関するアドバイスの依頼をたくさんいただきました。全国各地で開くセミナーには、毎回多くの方々が足を運んでくださいます。そういう場も通じて様々な人と交流し、改善の事例を重ねる中で、私自身、多くの勉強もさせていただきました。

同時に「真の価値を高めるヒント」が満載の企業に、新たにいくつも出会えたことは本当に幸せでした。私の語ることを「理想論だろう」と言う人もいます。しかし、「理想の会社」が、確かにそこに存在するのです！

「新装版あとがき」では、そうした実例を中心に、二十五年間の新たな学びも盛り込みました。先の読めない時代だからこそ、原点に返る。本書がその一助になれば幸いです。

目次

第五章　顧客重視の社風を創る

新装版　あとがき

新装版

人と企業の真の価値を高めるヒント

はじめに

「失われた十年」ですか？

バブル崩壊以降の日本経済の凋落は、このような表現で語られています。では、なぜこんなことになってしまったのでしょう。必要な改革は、どうしてできなかったのでしょうか。

理由は、簡単明瞭です。「変えたくない」「いまのままがいい」。このように考える人が多数を占めていたからです。

決して政治家だけではありません。企業経営者の大多数も、口では変革の必要性を説きながら、実際は「現状を維持せよ」という脳の指令に、素直に従って行動してきたのです。

「責任を他者に求めるのは、やめましょう。そして、あなたの脳がなぜそんな信号を送り続けたのか、考えてみましょう」

私がまず申し上げたいのは、このことです。

「失われた」などと過去形が使われていますが、とんでもない。これは現在進行形の問題です。いやしくも二十一世紀の経営トップでありながら、「いまは景気が悪いので……」という趣旨のことを、平気で口にすべきではありません。まるで、あの〝バブル景気〟の再来を望んでででもいらっしゃるかのようです。困難だからこそ自らを変革し、道を切り開こうというメッセージは、残念ながらあまり伝わってきません。

ぜひ目を向けていただきたいのは、バブル崩壊のこの時期に起業を果たして、かつ成長軌道に乗せている人もたくさんいる、という事実です。伝統的な大企業の中にも、例えばトヨタ自動車のように、立派に企業変革を進め業績を伸ばしている会社もあります。

「失われた十年」などという言葉を隠れ蓑に、経営者たるもの、自分たちが何もやってこなかったことを正当化すべきではないと思います。そろそろ、国の施策や経済の状態に左右されずに、自らの足で立つべき時ではないのでしょうか。

〝自立〟することなく、自らの組織の歩を進めることなどできない時代になっているという事実に、まっすぐ目を向けようではありませんか。

二十世紀の最終盤になって、日本では、ちょっと信じられないような企業不祥事が頻発しました。ＪＣＯ、雪印、三菱自動車、そごう……。そして、ひと昔前まではまったく予想だにしなかった、証券会社や大銀行の経営破綻。十年前なら年間の十大ニュースになるような出来事が日常茶飯に生じています。

個々の事例を分析するならば、これらの事態が、単純に経営環境の悪さだけに起因するものなどでないことは、明白でしょう。何か大事なものが、欠落した結果なのです。

真剣に、多くの経営者はこのことを他山の石とすべきではないでしょうか。なぜなら、程度の違いはあるにしても、現在、「消費不況」の中で閉塞状況に陥っている大多数の企業経営にも、やはりこの〝大事な何か〟が抜け落ちているように思えるからです。


では、企業経営にとって一番大事なものとは、いったい何でしょうか？

それは高邁《こうまい》な「経営理念」、そしてその理念を実現すべく努力し続けることにほかならないと、私は思います。


こういう趣旨のことを申し上げると、「食うか食われるかのこの時代に、何を青臭いことを言っているのだ」という声が聞こえてきそうです。

「いみじくも経営を任された者が、人間としての素直さ、〝青臭さ〟を失ったらおしまいではないでしょうか」。これが、私の基本の思いのひとつです。

確固たる理念を持って経営に当たっているならば、そしてそのことを従業員に理解してもらう努力を重ねているのならば、企業が社会を騒がせるような不祥事にまみれるなどということは、絶対にありえないのです。「儲けるためなら、何でもやれ」。こんなことを会社の理念、社是社訓にうたっている企業が、果たしてあるでしょうか。絶対にありません。多くの企業が世の中への貢献と顧客指向を掲げています。しかし、現実の経営は「儲けるためなら何でもやれ」に近くなってはいないでしょうか。

現実に、顧客第一主義を掲げていない企業は少ないでしょう。しかし、どこまで本当の意味でそれが貫かれているのかということになると、大変〝お寒い〟状況だと言わざるをえません。

例えば、次のように質問したとします。

「あなたの会社の（経営）会議では、最初に何を議題にし、何に最も時間を割いているのですか？」

「そうですね、売り上げの現状、目標……」。私がいままで講演やアドバイスの依頼をお受けしてうかがった企業の九九パーセントは、このパターンです。

これを「売り上げ第一主義」と言います。つけ足しのように「ユーザーの動向」を議題にしたとしても、それだけで「顧客第一」を掲げるのは、はっきり言っておこがましくはありませんか？

ことほど左様に、顧客第一主義を本気で実践している人や企業は少ないのが実状です。多くの場合、タテマエにとどまってしまっているのです。単なるお題目というわけです。

この不況下でも〝元気な〟企業は、私が知る限り、どこも経営者がしっかりとした理念を持っているように思われます。そして、それを忠実に実践しています。本書にもいくつか具体例をあげていますが、このことに気が付いて見事に生き返った企業も、たくさん存在するのです。

こうした経営理念の根幹にあるもの、またあるべきものとは何でしょうか。それは端的に言えば、「〝価値〟を市場や顧客に提供し続けること」です。企業である以上、売り上げや利益を無視することはできません。しかし、「主権者」が変わったいま（このことは、第一章で述べます）、「売り上げを伸ばすために……」「利益を上げるために……」という発想の枠組みにとどまっている限り、現状打開の方向性はなかなか、見えてこないように思います。

また重要なことは、この「価値」を決めるのは企業などの送り手の側ではなくて受け手の側、すなわち「お客様」であるということなのです。「顧客第一主義」。これを徹底できているかどうかで、勝負が決まっていくのです。もっと正確に言うならば「顧客中心主義」です。詳細は本論で述べます。

価値は常に同業他社との相対値でもあります。より高い価値（例えば高い品質、安い価格）を提供するライバルが出現すれば、たちまちその地位は脅かされることになります。こうした環境変化に速やかに対応することも、いままで以上に必要になることでしょう。

変革を進められるか否かも、つまるところは本気で〝やるかやらないか〟、これに尽きます。あれやこれやの「経営理論」に振り回されている暇があったら、手始めに経営者自ら直接、お客様の声を聴く努力をしてみるべきなのです。

すべての上級幹部がお客様のところを訪問し、謙虚に話を聴いてくることです。そして皆でその得た情報を出し合って何をすべきかを検討することです。

これからの十年は、いままで以上に変化の振幅が大きくなり、かつそのスピードも増していくでしょう。そんな環境に対応し、自らが価値ある存在になり続けるために、いま必要なのは、変化にスピーディーに対応しかつ高邁な経営理念を具現化する愚直な努力なのです。

ここまでお読みになってお分かりのように、私がこの本で申し上げることは難解な経営理論の類とは対極をなすものです。

もとより難しいことを語る知識・見識を私は持ち合わせておりません。

簡単、明快、率直、ある意味で当たり前のことがほとんどです。

けれども、この「当たり前」のことを「正しく実行できる」経営者に恵まれた企業こそが「二十一世紀に残る」ことになるであろうと確信します。そのためのカギは何かということについて、これから順次述べてまいりたいと思います。

第一章　変化する市場、顧客への対応

ビジネス環境の変化を、恐れていては駄目だ。
変化の方向を、しっかりと見極め、
その変化に、適切に対応することだ。
理想は、変化の波を、新たに生み出す側になることだ。
これこそが、その世界で主役になることだ。

バブル期、「経営者」は必要なかった

現在の日本は「変革期」「改革期」にあると言われます。では、この変化とはどういう性格のものなのでしょうか。まずこの点から述べていきたいと思います。

昨年（二〇〇〇年）のことですが、ある大手金融業の経営者の方とお話をする機会がありました。開口一番、彼は「大変な世の中になってしまいました。金融の世界には、嵐が吹き荒れています。将来がまったくと言っていいほど、見えなくなってしまいましたよ」と、困惑の表情を隠さずに、おっしゃいました。

その翌日、今度は、三十代でありながらベンチャー企業を三つ立ち上げて、活躍されている経営者の方にお会いしました。その方いわく「大久保さん、私たちはいま、百年、二百年に一度のビジネスチャンスに遭遇しています。風向きは、最高です」。

企業規模の大小とか、余計なしがらみの多寡とか、拠って立つ基盤の違いもあるでしょう。しかし、自らが受ける風を片一方は「嵐」と言い、もう一方は「最高の風」と表現なさったのです。二人がさらされている風向きは、客観的には同じはずなのに、です。

「風」を為替相場に例えてみれば、分かりやすいでしょう。一ドル＝百円のレートは、みんなに「平等」。ある企業には二百円で、こっちの会社には百五十円ということはありえないのです。風向きの変化に合わせた帆の向け方、すなわち経営の舵取りの仕方によって、現状認識はかくも違ってしまう。このことを、私はお二人に教わったような気がします。

こうした例に遭遇するにつけ、私は、日本もいよいよ経営者の能力が本当に求められる時代になったのだなあ、という感を強くします。かつてのバブル期は、ある意味「真の経営者は存在しなくても何とかなった時代だった」のです。順風満帆、潮の流れも良しの時代はとにかく規模を大きくしさえすれば、あるいはお隣のやっていることを真似して適当に付加価値をつけることができれば、それなりに業績は伸びたのです。風にまかせ潮の流れにまかせれば特に不都合はなかったと言えます。

しかし、状況はまったく変わりました。同じ業界にありながら黒字を生んでいる企業もあれば、大赤字で青息吐息のところもある。真に「経営力」が企業の明暗を分ける時代になったのです。

今日では経営トップの経営力が評価される時代になったのです。

バトンタッチする側は時代の変わり目を認識しているのでしょう。最近の傾向を見ていると従来では考えられなかった人がトップに就任しています。

かつては「先輩の敷いた路線を踏襲し……」というのが就任の挨拶でしたが、この頃は路線を大きく変更する人が多くなっています。

よくよく考えてみれば、それは当然のことです。踏襲するだけなら交替する意味がありません。

やっと経営する人が出てきているのかもしれません。

危機の「危」、機会の「機」――いずれも「き」と読めます。みんなに平等に訪れるであろう「き」に際して、経営者自身がどう舵を取るのか。この判断こそ、その後、当の企業が「クライシス」に陥るのかそれとも「チャンス」を広げられるのかを、決定づけるのです（そう言えばCrisisもChanceも頭文字は「C」ですね）。

繰り返しになりますが、バブル期には順風満帆、帆を高く上げてさえいれば、よかったのです。多少の舵取りのミスは、風や潮の流れが帳消しにしてくれたのですから。しかし、いまはそうはいかない。「き」が訪れたときに適切な判断ができなければ、即、沈没の危機にさらされる。そういう時代なのです。

これからの時代に残れるか否か、このことをしっかり認識することが第一のカギになるのではないでしょうか。

明治維新・戦後改革と現在の変革期との違い

現在の日本は明治維新と戦後すぐの一大改革、これが一緒に来たような変革のまっただ中にあると言えるでしょう。ただし、過去の変革期と決定的に違うところがあることに注意しなければなりません。

明治維新にしろ、戦後改革にしろ、古いものが破壊され、まさに焼け野原からの、目に見えるかたちでの「再興」でした。それまで体制を支えてきた旧支配層も、ほぼ完全に一掃されていたのです。変革の担い手は、新しい酒を新しい袋に入れることができたのです。

では、現在はどうでしょうか。

なんだかんだ言っても、生活が厳しいと言っている人が糖尿病になっているんですから。不況、不況といくら騒がれても、食べるに事欠いて死を選ぶ人もいません。世界一平和な安定した？国なんですから。

変革期にあるはずなのに、目の前に広がっている風景は、以前とあまり変わりません。大きなビルはそのまま残っています。支配層もそのままです。こういう条件で変革をやりとげることには、かつてとは比較にならないレベルの違う困難性を伴います。

しかし、座して待っていたら日本は本当にダメになってしまうでしょう。国レベルで考えるならば、旧支配層が残っているもとで維新並みの、大改革を実行に移す必要性に迫られているのです。

つまり、今現在求められている改革は担い手の側からみれば、支配層が残ったままで、その認識を抜本的に変える「闘い」なのです。経営者自身がこうした変化を正しく認知できずに右往左往しているようでは、生き残りは危うい。経営に携わる方は、いま自分たちがそういう波の真ん中にいるという「歴史認識」を持つべきだと思います。

何十年と身体に染みついた歴史観を変えるのは、たしかに簡単なことではないでしょう。でも、変えずにいたら、どうなるか。その典型が、昨今の「大型倒産」です。少し前まで揺らぐことなど誰にも想像できなかったような企業――立派な自社ビルを持ち、重厚な看板を掲げ、偏差値の高い社員を高給で囲い込んだ一流大企業――が、ある日突然、崩れ落ちてしまう。十年前には、まったく考えられなかったことです。

世の中の仕組み、ビジネスの流れが急速に変わりつつあるのに、それに対応できなかったことが、破綻の主因であることは明白です。巨大で力強いマンモスは氷河期に死に絶え、残ったのは環境変化に対応できたゴキブリでした。それと同様のことが、現代の日本の経済社会で、現実に起こっていると考えるべきなのです。

真の自由主義市場経済の到来

では、巨象をも倒すような環境変化とは、どういう性格のものなのでしょうか。私なりに規定すれば、それは「官僚主権の〝社会主義市場経済〟から、消費者主権の〝自由主義市場経済〟に移りつつある過程」ということになります。こう考えると、世の中の動きがすっきり見えてくるのです。

主権者が変わった？　今までは社会主義だった？

経済学や経営学の先生方に言わせれば「とんでもない」ということになるのかもしれません。しかし、これまでの日本経済における主権者は、紛れもなく官僚であったというのが、私の考えです。がんじがらめの「規制」によって、自由主義市場経済を金縛りにしてきた張本人が、他ならぬ彼らだからです。

もっとも戦後の官僚の素晴らしい仕事や、それを実現した彼らの優秀性を否定するものではありません。世界の歴史上、稀に見る奇跡の復興を遂げたのは事実です。

世界的に見ても、極めて優秀だったのは確かだと思います。

しかしその当時といまとではまったく状況が違います。

子どもを育てるには、その時に応じた育て方があるでしょう。幼い時に素晴らしい育て方をしたからといって、大人になった時点でも同じように手取り足取りでは、相手を潰してしまいます。いつまでも子どもではないのに、子離れできない愚かな親の姿に似ているように思えてなりません。過去の成功体験に溺れてしまった感じがします。大人になったら自由度を上げる、原則自由とするのが当然ではないでしょうか。

かつて、中学生になる娘と話をしていて、このように質問されたことがあります。「お父さん。どうして銀行の金利はどこも同じなの？　こういうのって、自由主義とは言わないんじゃないの？」

彼女がなぜこのようなことを言ったのかは実に単純です。ある日、社会科の授業で自由主義経済について習いました。そこでは自由競争を基本に据えた経済のあり方が、説明されていた。ところが、自由主義経済体制を標榜しているはずの日本において、実態は彼女の「教科書的な」理解とは異なっていたのです。例えば、どこも横並びの銀行金利。これは、自由競争とは言えないのではないか。こういう、まことに素直な疑問をぶつけてきたわけです。

金融は、官主導の規制でがんじがらめにされた、典型的な業種のひとつであったと言うことができるでしょう。ほんの少し前まで、銀行の金利は同じ、保険業であれば保険料率が同じ、証券会社の売買手数料が同じ――と、見事なまでの「護送船団」だったわけです。こういう状況での主権者は誰かと言えば、規制の網をかけて業界を指導（保護）している、中央官庁のお役人、その人になるのは道理です。

その昔、私の父親が語ってくれたことがあります。

「昔、輸送船で兵隊を運ぶとき、早い速度の出る船も一番遅い船に合わせて進むんだな。早く進める船は先に行ったらどうかと提言したんだが、受け入れられなかった。それとまったく同じなのが、日本の金融業だ。一番能力のないところでも黒字になるよう、大蔵省が指導してきたんだな。だから能力のあるところなんか、ろくに努力するわけがない。まったく愚かなことをしてきたもんだ……」

かつての大蔵省による「干渉」が、どれほどのものだったか。例えば、銀行が支店を出すために認可を求める過程で、店のレイアウト、金庫の位置にまで細かく口を挟んだそうです。さらに驚くのは、業界ではこれらのことは「常識」であり、誰も不思議に思わなかったというのです。

こんな例もあります。昨今、証券業界を賑わしている松井証券の先代社長がベンツのファンで、ある時利益が出たので、中古のベンツを買おうと思い立った。ところが、大蔵省からストップをかけられた。「ベンツに乗るのは、いかがなものか。大銀行のトップでも、外車には乗っていない」というのが、その理由だそうです。「勝手に」外車を買うことさえ、できなかったのです。あり体に言えば、金融業界に関わることは、箸の上げ下ろしまですべて、旧大蔵省が「指導」していたことになります。

こういう環境ですから、業界の側にとってはどう彼ら官僚のご機嫌を取り、どう緊密な関係を築いていくかが、「生き残り」に向けた、最大のカギになります。汚職事件で有名になったＭＯＦ担（大蔵省担当者）という役職があります。銀行ではこのＭＯＦ担になることが、出世のためのキャリア・パスだと言われました。最も「重要な」仕事を任されるのですから、考えてみれば当然の成り行きです。

しかし、一般常識に照らしてみるとそれは少しも「当然」ではない。ただでさえ「偏差値」の高い人間が集まった中の出世頭が、常に大蔵官僚の顔色をうかがうことに明け暮れる、しかもそれが最重要の任務だったというのですから。

なぜそんな、理解に苦しむことがまかり通ったのでしょう。「大蔵省が主権者であった」と考えれば、すべて辻褄が合います。自分たちの生殺与奪の権利を握っていたのですから、当然と言えます。

皮肉なことに、この業界は大型倒産、外資導入、財閥の垣根を越えた再編の先陣を切ることになりました。これからも、従来と同じように財務省との関係強化を図りさえすれば生き残っていける金融機関があるでしょうか。答えは、明白です。ノーです。お客様や市場に目を向けることなしに生きて行くことは絶対に不可能です。

企業も個人も自立の時代に

自由主義市場経済の本格化ということは、とりもなおさず「企業も個人も自立が求められる時代になった」ということを意味します。すなわち、企業はもちろん、個々人のレベルでも自らの行動に「責任」を負わなければならなくなったということです。

日本全体の変化というものを俯瞰《ふかん》してみると、今までは国が企業の面倒を見、企業が人の面倒を見ていた時代だったと思います。これが変わるということです。簡単に表現すれば、企業も人も自らの足で立つ時代なのだということです。これからは国は企業の面倒を見ません。行政で言えば地方分権法ということで、地方は独立して自らの仕事を考えていかなければいけません。教育関連の法も変わりました。学校独自のいろいろなプログラムを導入できるようになってきました。これはもう従来とまったく発想が違うのです。まさに自ら考える時代です。

例えば国立大学も独立法人化が言われています。国立病院も平成十六年には独立法人化するということです（平成十六年四月にそれぞれ国立大学法人、独立行政法人に移行）。今の病院がこのまま独立した場合どうなるかというと、ほとんど倒れてしまう可能性があります。経営として成り立っていないということです。それでもなぜ立っているのか。理由は簡単です。国の援助があるからです。

ですからいままでは、大袈裟に言えば歩行器や親の手助けによって、何とか独りで歩いている感じになっている人や組織があったということです。そして実はこれが根底から変わっていくのです。すなわちいま申し上げたように、企業も人も自立の時代である、自らの足で立っていますかということです。自ら立つ、自立。これがやはりキーワードになります。

自分で立てない企業、自分で立てない人とは、別の言葉で言うと、自らで価値を生み出していないということです。自らで価値を生み出していない企業と組織というのはどうなっていくのか。答えはたった一つ、これからはなくなっていくということです。今までは援助があったから何とか立つことができていたのです。しかしこれからは倒れていくしかない。倒れる＝なくなるということです。

いま、自らの足で立っているか。これからは自らの足で立つ時代なのだと考えることは必須不可欠です。

自らの足で立っていない企業は消える。自らの足で立っている企業は残る経営だということになるのではないかと思います。

本題からは逸れるかもしれませんが、「自立」についての話をさらに分かりやすくするために、個人レベルの問題について考えてみましょう。自由主義経済になったことで、どんな変化が起こったのか。よい例が電話料金や航空運賃です。

電話会社は、少し前までＮＴＴ一社でしたから料金体系は一本。ところが「自由化」後は、マイライン加入をめぐる「混乱」に象徴的なように、まさに〝混線〟状態です。本当はどの会社のどのサービスが得なのか、一般の人にはなかなか判断がつきかねるほどの「多様性」を持つにいたりました。ご承知のように、これが携帯電話の料金になると、組み合わせはさらに複雑化します。

こうした状況になってくると、サービスの中身は同じなのに、「知っていれば」より安くそれが受けられる、「知らなければ」自由化前とあまり変わらない料金を甘受せざるをえない、ということが起こりうるわけです。

従来は国が規制していた結果、体系は一律でしたからこうした「不平等」はなかった。選択の余地がなかったのと同様、その必要もなかったのです。ところが、今や電話料金でさえ、相応の「自己責任」を負う必要に迫られる時代なのです。

航空運賃も、各社各様。季節で異なるのはもちろん、時間帯でも違う。申し込みの時期にもよるし、キャンペーンもあるということで、多彩なオプションが存在することになりました。消費者はその中からよりよいサービスを選ぶ権利があるのと同時に、極論すればどれかを選択しなければ飛行機に乗れなくなりました。そのチョイスの結果は自己責任なのです。ある人は片道三万円払い、ある人は往復二万円で飛ぶというようなことが起こっても、それは個々の選択の結果。文句は言えない、ということになります。

消費者も従来と同じような、「みんなと同じ」という考え方をしていたのでは、思うようなサービスを享受できなくなっているのです。

こういう時代ですから、企業経営者の側に「自立」が求められるのは、あまりにも当然のことです。

「経済環境がこんなに急激に変わるとは、思わなかった」

「まさか、商品の値段がこんなに下がるとは……」

厳しい言い方をすれば、こうした「まさか」を口にする経営者は、経営者として失格です。なぜなら自らの足で立たず、外的条件に頼っており、それが悪くなったので一人では歩けないと叫んでいるようなものだからです。即刻、現在の地位から退く必要があります。なぜなら、そんなことを言っていてもまったく意味がありませんし、何ものをも生み出すことができないからです。

景気頼みから脱却し、本当の意味で自立を果たした時、はじめてこれからの自由市場において消費者から選ばれる資格を持つ企業になれるのです。

外資が参入するのはなぜか

冒頭に、「大変困ったことになった」と嘆く金融業トップの言葉を紹介しました。もう少し詳しく言うと「外資がどんどん金融業に参入してくる。異業種が入ってくる。困った、困った……」というのが、その方の悩みの根源にありました。

でも、これはおかしいのです。そう思った私は、次のように申し上げました。

「なぜ、海を越えて外資が入ってくるのでしょう。わざわざ違う業種の企業が、この市場を目指すのはなぜか、お考えになったことがありますか？」

理由はたったひとつ、このマーケットが魅力に満ち満ちているからに、他ならないのです。

考えてもみて下さい。本当に冷え切った、将来性の感じられない、儲からない市場だったら、誰が新しくそこに足を踏み入れようとするでしょうか。彼が「困った」のは風向きのせいなどではなく、従来の延長線上の思考で自らのビジネスのこれからを「展望」しようとするがために、一番大事なことが見えなくなっていたからです。これでは、行き詰まっても仕方ありません。

もちろん、過去の実績や、成功体験は、局面が変わったときには足かせになるでしょう。新規参入においては、こうしたしがらみに縛られずにまったく、新しいアプローチができるという点で、有利さもあります。しかし、魅力的な市場であるという客観条件自体に、差はないのです。

では、金融分野はどうしてそんなに魅力的な市場なのでしょう。

企業活動のベクトルという視点から分析するならば、それは、「既存の企業が『お客様第一』の視点を決定的に欠いていたから」と言えるでしょう。いままで述べてきたように、かつて最も重要だったのは監督官庁との関係強化であり、顧客のことなど二の次三の次、へたをするとまったく、ゼロに近かった?

「どうせ顧客へのサービスは横並びで、他に出し抜かれることもない。ならば主権者たる大蔵省に取り入って、できるだけ有利なスタンスを確保することが生き残りのカギだ」

これでは、本当の意味での顧客第一の経営など、期待できるわけがありません。

英国ヴァージングループの創始者であるブランソン氏は、「独占企業が支配しているマーケットほど、参入しやすいものはない。なぜなら、そこでのお客様は不満だらけだからだ」と語っています。それとまさに同じようなことが、そこに展開されていたのです。

こんな状態ですから、〝外資の草刈り場〟になるのは、当たり前。「自由化」を機に新規参入した企業が、ほんの少し顧客指向の施策を実行に移しただけで、市場は目に見えて動くことになります。

しかし、くどいようですがチャンスは公平です。いままで「お上」の方を向くことしか知らなかった企業も、規制緩和によりステージが変化したことをしっかりとらえ直し、顧客へ価値を届けるという本来の企業の役割に立ち返るのならば、巻き返しの機会はいくらでも用意されているのです。お客様は、よりよい価値の提供を、常に待ち望んでいるのですから。

主権者が交替した

「環境変化」について、もう少し話を進めましょう。先ほど、「官僚主権の社会主義市場経済」から「自由主義市場経済」へ、というふうに現状の大きな流れをご説明しましたが、この変化は企業と顧客という観点で見たとき、まったく同じことが言えるのです。

戦後、モノのない時代にはモノを提供する側が経済の主導権を握っていました。消費者は、とにかくモノを手に入れること自体が最大の満足だったわけです。車、家電製品……お金を貯めて買いに行っても、品切れなどということが珍しくはない世の中でした。

翻って現代、パソコンを操作すれば、数日後には地球の裏側の企業から欲しい商品が届くという時代になりました。世界中のすべての企業が、日本市場へのサプライヤーになったのです。大袈裟に言えば、買い手よりも売り手の方が多いと言ってもいい時代なのです。

これはすなわち、主導権が売り手＝企業から買い手＝顧客の側へ、「完全に」シフトしたことを意味します。そして、こうした傾向はあらゆる領域でますます、拍車がかかっていくことは間違いありません。

近未来の日本に、物理的に訪れる変化のひとつは人口減です。二〇〇五年以降、確実にこの国の人口は減っていくのです。七十万人から八十万人ずつ毎年減少していくと予測されているのですが、これがどのくらいのインパクトかと言うと、福井県とか、島根県とか、鳥取県が、一年にひとつずつ消えていく（そこに住む方には申し訳ないたとえですが）計算になるのです。つまり、国内の買い手が少なくなる＝市場が小さくなるのは、景気云々にかかわらず、避けがたい事実なのです。

同時に、人口構成も急激に変化します。中高年の人口比率がかつてなく高まることは、当然、マーケットに大規模な変動をもたらさずにはいないでしょう。

このような環境下で従来と同じ発想でしかビジネスを進めないのは、自殺行為に等しいと言わざるをえません。

変化は、売り手にとってライバルが多くなった、ということだけにとどまりません。従来、商品に関する情報――すなわちどんな特徴を持っていて、どれだけ他社の製品より優れている、といった事柄――は、すべて供給者である企業側から発信されていました。それが当たり前だったのです。ところがインターネットの普及は、いとも簡単に、この「常識」を覆してみせました。

ちょっと覗いて見ただけで、「商品比較サイト」がいかに多岐にわたるか、分かると思います。保険のような商品でさえ、「どこどこだと、こんな値段でこれだけ保障してくれる」といった塩梅です。しかも「恐ろしい」ことに、商品やサービスを受け取った人の評価、体験談までもがふんだんに載っている。

結果、どういうことになったのか。ある商品に対する情報は、かつてはそれをつくり販売する企業が独占していました。しかし、現在ではメーカーよりも消費者の方がより実用的で正確な知識、すなわちその商品に対する情報を多く持つことが珍しくなくなりました。例えば商品比較などに関しては、企業の開発担当者さえ凌駕する、豊富な情報を共有していることも、しばしばなのです。

「商品」は企業の手を離れた瞬間から、企業のものではなくなってしまう。そしてその商品にかかわる情報も、企業の思惑など関係なしに独り歩きを始めるのです。その情報が企業の側にとってプラスに働くこともあれば、マイナスに作用することもあるでしょう。


横浜・港北ニュータウンで起こった有名な「ある出来事」があります。ニューファミリーと称される世代が多く住むこの街でも、ご多分に漏れず激しい百貨店競争が繰り広げられています。ある時、この激戦区に鳴り物入りで進出した関西系のデパートが、覇権を握るべく食品売場で、ある「自信作」を発売しました。

ご承知のように、現在、デパートの利益の三割は「地下食品売場」が稼ぎ出すと言われ、ここでの勝ち負けは非常に大きな意味を持つのです。ところが、大ヒット間違いなしとデパート側が踏んでいた新商品が、まったく売れませんでした。どうしてなのか、いろいろ調べてみると、理由はまったく意外なところにありました。

「原因」はインターネット。ニュータウンのコミュニティーの世界で、「あれはあんまり美味《おい》しくない」というコメントが、たったひとつ掲載された。それをそこに住む主婦層の多くが目にして、〝敬遠〟していたというのです。

これは、企業側にとっては大変ショッキングな出来事です。ですが、これが現実だった。

そのデパートでは、巻き返しを図るべく今度は「マグロのコロッケ」で勝負に出ました。「私は鮮魚一筋にやってきたのです」と渋る現場担当者を説得し、何人かの主婦にモニターになってもらって商品開発にこぎつけると、その商品は飛ぶように売れたそうです。

実はこのときも、ネット上の同じコミュニティーに、モニターになった主婦の「美味しい」という書き込みが載ったことが起爆剤になっていました。

企業がこういう事例から学ぶべきことは、決して少なくないと思います。消費者は、送り手の「これは美味しいですよ」という宣伝文句よりも、実際に試食した「仲間」の「美味しくない」「これは美味しい」という評価の方を信頼したのです。

もちろん、味覚は個人的なもの。このエピソードはネット時代の危うさも暗示しているように思えます。ただ、こうした例を見ても明らかなのは、情報についても企業から顧客の側へ、はっきりと主権者が変わったということです。今や従来とまったく異なり、受け手はもう単純な受け手ではなくなったのです。

「顧客中心」の経営とは

では、これまで述べてきたような環境変化に対応する、二十一世紀型の経営の姿とはどのようなものなのでしょうか。主権者が「官」や「独占企業」から、「お客様」に変わった以上、その主権者に受け入れられ、支持されるものでなければならないことは、論を俟《ま》ちません。「顧客重視から、顧客視点へ」——これがひとつの答えになると思います。

多くの企業では当然のごとく、「お客様第一主義」を経営の柱に掲げています。ところが、その実態は多くの場合、以下のようなものです。

中堅企業の経営者の方ばかり百名ほどを集めたセミナーで、お話をさせていただいたときのこと。参加者にいくつかの質問をしてみました。

「あなたの企業では、〝お客様第一〟あるいはそれに近いことを、社是社訓や経営理念として掲げていますか?」

これには全員の手が挙がりました。

「では、役員会でお客様のクレームとか声とかを、継続的に議題に取り上げている会社は、どれくらいありますか?」

挙手する方は、いらっしゃいません。見事に、ゼロ!

「会議を、売り上げの報告から始めるところは?」

またしても、全員が手を挙げられました。

この結果から分かることは次の二点。第一に、ほとんどすべての企業は経営理念として〝お客様第一〟をモットーとして掲げている、しかし第二に、実際は〝売り上げ第一主義〟を実践している、ということです。すなわち、理念と現実が食い違っているのです。

ただでさえ忙しいメンバーが集まる経営会議です。しかも、そこで当面の会社の進むべき方向性を決めなければならない。最も重要なことがらを最初に、かつ時間を割いて論議するのが普通です。売り上げから入るということは、それが最も大切＝売り上げ第一主義なのです。売り上げや利益を確保する「方便」として顧客をとらえるのは、どう理屈をつけようとも、顧客第一とは言えません。

このあたりの発想を、根本的に変えていただきたいのです。主権者が変わったいま、旧来の「売り上げ第一主義を前提とした顧客重視」では、生き残りは難しい。自分の仕事、経営のあり方を、顧客の視点から見直すことが求められているのです。

先の経営者の方々の例に見られるように、よほど変わった会社でない限り、社是社訓に「売り上げ第一、客は二の次」といった内容をうたっているところはないでしょう。必ず「顧客指向、社会貢献」が記されているはずなのです。こうした高邁な経営理念、行動指針を愚直に実践することこそが、いま必要とされています。

世界で一兆円の利益（売り上げではありません）を上げている、ご存知ＧＥ（ゼネラル・エレクトリック）。弱冠四十五歳でＣＥＯ（最高経営執行役員）に就任したジャック・ウェルチ氏は就任当時、会社にとって大事なこととして次の三点をあげました。

第一にカスタマー・サティスファクション、第二にエンプロイー・サティスファクション、そして第三にキャッシュ・フローです。ジャック・ウェルチ氏と聞くと、「数字がすべて」という印象をお持ちの方も多いのではないでしょうか。しかし、キャッシュ・フローは三番目。一番はじめに顧客満足が来て次に従業員満足が来るのです。単に言葉だけで終わっていないのは、これらの満足度をきちんと数値化して、測定、分析していることでも明らかでしょう。

お客様があって企業は存在する

ものごとが混迷を極めたときは、いつの場合も「原点」に立ち返って考えてみることが、打開のために有効な手だてになります。組織の場合も同じではないでしょうか。

現代社会において、そもそも企業は何のために存在しているのか、そのことをしっかりと考えてみる必要があるのではないでしょうか。

昨年、日本アイ・ビー・エムの研究所に入った新入社員向けの研修をお手伝いしたときの話です。彼らに向かって、私はこう質問してみました。

「みなさん、企業にとって一番大事なものは何だと思いますか？」

研究所に入った人たちですから、「それは技術です」という答えが、すぐに返ってきました。続けて「経営はやはり、人ではないでしょうか」「情報」「ヒト、モノ、カネが揃わなければ」……。

もちろん、これらはすべて間違いとは言えないでしょう。しかし、私はあえて次のように申し上げました。

「技術があり、設備があり、優秀な人材を有して、素晴らしい商品、サービスを生み出すことができたとしても、無人の孤島でビジネスを行うことはできません。実は企業というものはお客様の存在があって、はじめて成り立つのです。二十一世紀に企業を存続させていけるかどうかは、お客様に支持され続けることができるかどうか、この一点にかかっています」

あまりに当たり前すぎるかもしれませんが、企業はお客様という存在があって、はじめて成り立ちます。

では、どうしたら支持を受けることができるのか。それは「顧客や市場に対して価値を生み出すこと」だと私は思います。企業の存在意義とは、価値を提供することなのです。これなくしては、売り上げも利益も、絵に描いた餅。ましてや、前に述べたように本当の意味での自由主義経済体制に移行しつつあるいま、価値を生み出せないとしたら、それは致命傷になるのです。

何ら価値を生まない「企業」の代表例が、お役人の天下りのためにあるような特殊「公益」法人です。もちろん例外はあるかもしれませんが、ほとんどは「官主導の社会主義市場経済」のもとでこそ、存在が許されたシロモノ。これから先に残る資格はまったくありませんし、残すべきでもありません。本来優秀な人たちが、社会に対して何も価値を提供することなく高い報酬だけを受け取るという仕組みは、人材活用という点からも、もちろん経済的な面でも、まったくの無駄と言えるでしょう。日本全体の人材と資金の壮大なる無駄と言っては言い過ぎでしょうか。これらは真の自由主義市場経済が浸透するにつれ、淘汰されていくはずです。もし価値を生み出せなければ、民間企業とて、もちろん同じ運命をたどることになるでしょう。

価値とは満足である

それでは、企業が提供すべき価値とは何か。このことに話を進めましょう。

結論から申し上げれば、それは相手にとっての「満足」です。すべてのビジネスの価値は、最終的には受け手に満足を与えられたかどうか、相手が満足したかどうかで決まるのです。顧客の側に立って考えてみれば理解しやすいでしょう。

契約したり、物品を購入したりするのは、あくまでも手段であって目的ではありません。すなわちある商品を購入する、あるいはどこどこの保険に加入する、すべて最終的には満足を得るためであるはずです。

ですから企業の存在理由は、突き詰めていけば「市場、顧客に対して満足を提供すること」と言えるのです。

このように言うと、またしても次のような反応が返ってきそうです。

「なんだ、ＣＳ（カスタマー・サティスファクション）のことですか。大切さは十分理解しています。ＣＳ運動なら当社でも以前からやっていますよ」と。

しかし、私の申し上げているＣＳは、単に運動や手段にとどまるものでは、ありません。お客様の満足を追求することは、目的、すなわち経営そのものなのです。「経営を顧客の視点から見直す」「企業の存在理由は顧客に満足を提供すること」――こうした観点から見るならば、その意味するところは自ずと明らかでしょう。ＣＳが企業経営の根幹に据えられていれば、経営会議で顧客の声をまったく論議しない、などということはありえないのです。

「なぜ購入していただけるのか」を考える

企業の存在意義は、価値すなわち相手にとっての満足を提供すること。こう定義できたとすれば、次に「では顧客にとっての価値、満足とはどういうものか」「果たして自分の仕事は顧客に満足を与えているのだろうか」ということがテーマになります。この点は、私が個別企業のアドバイスを行う時の中心課題のひとつで、当然、業種・業態などによって違いがあります。ここでは、小売業、サービス業を例にとって、やや踏み込んでみたいと思います。

なぜあの商品を買うのか？　なぜあの店から買うのか？

それは、いままで述べてきたようにそのことに価値＝満足を見出すからに、ほかなりません。コンビニエンスストアで、なぜ買い物をするのか。文字通り、「近くて便利」だからです。しかし、環境が変化したらどうでしょう。もっと至近距離に別のコンビニができたら、どうなるでしょうか。「近い」という価値はたちまち薄れ、競争に負けることになるでしょう。「あの店は、品揃えが豊富だから」。しかし、もっと品揃えを充実させた店がオープンすれば、客足はそちらに向くはずです。

家電量販店の売りは、何と言ってもその安さにあります。その価値によって一般の電器屋さんなどとの差別化に成功したわけですが、もっと安い量販店ができたら、どうでしょうか。やはり、従来のお客様をつなぎ止めるのは難しくなるでしょう。

「あそこは保守サービス、アフターサービスが良いから」。これはもしかすると、その店の重要な特徴になるかもしれません。

「店員の応対がてきぱきしている。笑顔が良い」。実はこのあたりから、なかなか他が真似しにくい領域に入ってきます。

そして極めつけが「とにかく、この店が好きだ」。こうなると、もうほとんど他者は対抗できなくなります。「好き」というのは感情の世界であり、論理的、物理的に真似しようとしても困難だからです。そして「この店が好き」な理由を分析してみると、そこで働く「人間」に行き着くことが多いようです。

今、デパートやショッピングセンターに行けば、いわゆるブランド専門店が軒を並べています。どこに行ってもほとんど同じ。これでは差別化にはなりません。このような場合、差がつくとしたら、どこなのでしょうか。

実は「あの店員さんが好き」というのが、最高の差別化要因になっているケースが大変に多いのです。「あの店員さん」は、他の店にはいないのですから。「ハコ」は真似られても、人を真似るのは難しい。今、小売業の世界では「あなたから買いたい」という店員をどれだけ養成できるかが、ひとつのカギになっているのです。

一度、「なぜ当社の製品やサービスをご購入いただいているのか」を皆で討議することを強くお勧めします。もし確固たる要素がないとしたら、その企業の将来は危ないことになります。その時には「なぜ？」を確立することです。自社にとっての強みの確立です。

顧客対応の目標を具体的に設定する

企業や店の側は、具体的にどうしたら顧客の心をとらえることができるのか。

現実は、多くの場合こうなっています。

「お客様に好かれる店員を目指せ」「名前を覚えていただくように、努力せよ」。こういった指示が現場に出され、それに対して現場の方は当然「はい、分かりました。一人でも多くのお客様に名前で呼んでいただけるよう、努力します」と答えるのです。

私に言わせれば、こうしたやりとりはまったく、意味のないものです。結果がやる前から見えている、すなわち何の変化も起こらないことが、明白だからです。

では、どうするか。例えば、「お客様から名前で呼んでもらいましょう。ついては、三カ月以内に何人のお客様に名前を覚えていただくか、一人ひとり目標設定してみましょう。そして三カ月経ったら、結果を検証してみましょう」——という具合に、目標とその検証の仕組みを明確にすることです。

通常、目標は売り上げで示されます。企業の側から見た、プロダクトアウトの発想からすれば、個々人の競争の測定基準は売り上げになるでしょう。他方、「お客様に顔と名前を覚えてもらう」というのは、まさに顧客指向をどれだけ貫いているかの競争です。

主権者である消費者から見て、どちらがより多くの満足を与えてくれる店に変身しそうか。結果は明らかだと、私は思います。

どうやって売り上げを増加させようとするのかと、どうやって自分の名前を覚えてもらおうとするのかは、まったく思考のベクトルが異なります。ちょっと長い目で見たとき、結果は明らかになります。

小売業を例にお話ししてきましたが、企業が価値を提供するために存在する以上、その価値が相対的に見てしっかりしたものでないならば、いつ転覆してもおかしくない航海を続けていると考えるべきでしょう。

あなたやあなたの企業が提供している商品やサービスは、たとえ他者が割り込んできても揺るがない、独自の価値を持っているでしょうか。まずこのことを正確に判断し、認識することが重要です。

そのうえで、そうした価値を有しているのであれば一層強化する方策を考え、もしそうでないならば新しい何かを構築していかなければ、生き残りは難しいと考えるべきなのです。

顧客に価値＝満足を与えることができない企業は、これから先に残ることは不可能である——このことをもう一度、申し上げておきたいと思います。

第一章まとめ

世の中は常に変化し続けている。
変化を恐れず、変化を見極め、
勇猛果敢に向かうことだ。

明治維新、戦後という大変化の波を、
世紀の奇跡と言われるように、私たちは見事に乗り越えてきた。
素晴らしいビジネスを次々に起こしてきたではないか。
そのＤＮＡは今も私たちに宿っているはずである。

これからは、日本も本当の自由主義の世の中に。
価値を生み出せない企業や組織は存在できなくなる。
企業も個人も差が出る時代だ。

ビジネス環境の主導権が変わったこと、

企業から消費者に移ったことをしっかりと認識することだ。

これからは、いかにお客様に価値を提供できるかが、すべてのカギだ。


今までの認識を改め、新たな知恵を出すことだ。

提供者の立場で考えず、受け手の立場で考えることだ。

主権者の立場で考えることだ。

これができれば、いたるところ、今はビジネスチャンスだらけだ。


チャンスの神様は前髪のみで、通り過ぎたら二度とつかまえることはできないと言われているが、そんなことは絶対にない！

私たちのまわりは、ビジネスのチャンスの神様でいっぱいだ！

つかんで欲しくてうろうろしているようなものだ。

目を見開いて、手を伸ばすことだ。
謙虚な心で、素直な心で、
常に変化する、市場やお客様の声を聴いてみることだ。
そこはたくさんの声、思いで満ち溢れている。

お客様に対して、
あくまで謙虚に、あくまで素直に、
人と企業の真の価値を高めるための、最高の秘訣だ。

第二章　経営理念の実現に向けたリーダーシップ

高邁なる経営理念を、
愚直に実践する企業は強い。
自分の企業の経営理念を、
今一度見つめ直すことだ。

理念こそが組織の中核である

第一章では、二十一世紀に残る経営のカギとして、「顧客指向の徹底」をあげました。しかし、そこでも述べたように、こうした内容のことはどんな企業でも社是社訓として掲げているはずの事柄なのです。要は、それを実践できるか否かで、勝負が決まる。当然のことです。この時、決定的な役割を果たすのが、強固な意志に裏打ちされたリーダーシップであることに、異論の余地はないでしょう。

この章では、二十一世紀のリーダーとはどうあるべきなのか、述べてみたいと思います。ところでリーダーシップとは、そもそもどういうものか、考えてみたことがおありでしょうか？　手元の辞書を繙《ひもと》くと「指導者としての統率力。指導力」などとありますが、いまひとつ具体的ではありません。

実は、「リーダーシップ」という英語に対応する単語は、どうも日本語にはないようです。では、欧米人はこの言葉をどういうニュアンスで使っているのか。これは著名な経済アナリストの藤原直哉さんに教えていただいたのですが、「カオスすなわち混沌とした状態を、秩序ある状況にすること」。これがリーダーの役割＝リーダーシップの、本当の意味なのだそうです。言われてみればその通りで、企業に限らずどんな集団でも、通常、そこに属する人たちはいろいろな方向を向いています。そのたくさんの思いの違う人たちに、同じ方向を向いてもらって、何事かをなさしめるように持っていくことこそが指導者の仕事である、という定義は非常に正鵠を得ているように思います。

さて、そうだとするとこのリーダーシップを発揮するとき、何が一番重要になるのでしょうか。

皆をひとつにまとめ同じ方向を向いてもらうために最も求められるものとは、何なのでしょうか。

ズバリ簡潔に表現すれば、それは「理念」「志」、そして「熱い思い」だと私は思います。

どんな大企業であってもそのスタートの時には、ある起業家が「何事かを成したい」という、〝強く深い思い〟があったはずです。この〝思い〟こそ、その企業を発展させたエネルギーになったのです。そして、そこには「お客様のために、社会のために」という、利潤追求とはまた別の志が、しっかりと込められていたはずなのです。

もちろん、時代は移り環境は変わったかもしれません。

しかし、顧客のことを第一に考えるという理念こそが企業を支えるという客観条件に、いささかの変化もないのです。


昨年のことですが、鹿児島の商工会議所に呼ばれ、講演をさせていただきました。地元の経営者の方中心に、八十名ぐらいの方を対象にした講演でした。

あの地では大久保さんはあまり評判がよくないのですが、鹿児島という土地柄もあり、話の最後を私は次のように締めくくりました。「みなさん。もし、ここにみなさんが尊敬する西郷隆盛さんが出てきて、〝志を持って事に臨んでいるか。自分に恥じない生き方をしているか〟と問われたら、みなさんは堂々と胸を張って、彼に顔を向けることがおできになれますか」

この「質問」に込めた思いは、「経営というものの骨格には、理念があるべきだ」という当たり前のことを申し上げたわけです。

しかし、この一番大切にすべきことを、いま多くの経営者は忘れ去っているのです。そして、多くの場合、これとは別の強烈な思いに駆られています。すなわち「儲ける」という思いです。

これだけでは、人として、「リーダー」として、あまりに寂しすぎるのではないでしょうか。

人はパンのみにて生くるにあらず、高邁なる理念実現に向かってこそ、そこで働く仲間たち、従業員も真にやる気が出るのではないでしょうか。何事かをなそうとする強い思いを持った人、志を持った人こそが人を引っ張っていけます。理念なき経営者は即刻、その職を辞退すべきです。

流行の「経営理論」に流されるな

自らの「理念」を経営の軸に据えることができないために、世間ではいろいろ珍妙なことが起こります。「経営理論」依存の経営というのも、そのひとつかもしれません。

はっきり申し上げて、流行《はや》りの経営論を学んで、どれほど効果が期待できるのでしょうか。そこで展開されている「理論」が、実際の経営にはまったくと言ってよいほど、役に立たないケースが多いのが現実ではないでしょうか。

経営論の好きな経営者の行動パターンはみな同じで、ある経営理論を学んで実行に移してうまく行かないと、また次の理論を探そうとするのです。経営を、経営理論に合わそうとする。滑稽なことです。そしてその会社で働く従業員や顧客にとっては、滑稽ではすまない、迷惑この上ない存在ということになりかねないのです。

バブル崩壊後一世を風靡したものに、「グローバル・スタンダードの経営」というのがあります。さすがに最近は、メッキが剥がれつつありますが、もともと経営にグローバル・スタンダードなどというものは、存在しません。少なくとも、海外ではこの「理論」はまったく、通用しないのです。こんな言葉を流通させているのは、実は日本だけだったのです。

「アメリカ型の企業経営」などとひとくくりにしますが、アメリカの企業にも従来の日本型の経営を取り入れているところは、たくさんありますし、それこそ、千差万別。百社あれば、百通りの経営がある。これが当たり前なのです。

日本でも状況はまったく同じなのに、やたら経営理論に振り回されるのは、最初に述べたように、自らの経営の軸がはっきりしていないからにほかなりません。

この間、厳しい経済環境のなかでベンチャー企業を立ち上げ、短期間に急速に業績を伸ばした経営者の方が、たくさんいらっしゃいます。彼らは、何かの経営理論に従って成功を手にしたのでしょうか？　私には、そのようには見えません。

成功した経営者を見る時、彼らが流行している経営理論を学んで実践したからこそ、ここまでになったという話は、あまり聞いたことがありません。

話題のユニクロの柳井正社長、アスクルの岩田彰一郎社長……彼らのお話をうかがうと、そのことがよく分かります。彼らが学んでいるのは、誰々の理論などではなくて「市場」であり「顧客の声」なのです。

「市場が安さを求めるのならば、そのニーズに応えようではないか。では、そのためには何をどうしたらよいのか」

頭の中にあるのは、常にこうした発想です。そして、結論が出たならば、即、実行する。こうした単純な発想、不断の努力を通じて、自らの夢の実現を成し遂げているように思われます。決して机上で経営学を学んだわけでは、ないのです。

反対に、経営理論に詳しい大学の先生などが経営に乗り出すと、必ずと言ってよいほどうまく理論通りに事が運ばず、業績向上が難しいようです。ひどい人になると、実態が理論に合わないと「実態の方がおかしい」などということまで、言い出すのです。まったくもって、本末転倒。学者が陥りやすい罠と言っていいでしょう。

もっとも日本の場合は、大学の研究者や教授がそのまま経営者に転ずることは、極めて少ないのが実態でしょう。ある面では米国のように、大学と実務の世界との移動が頻繁に行われる方が、地に足の着いた経営学を構築するのにはよいかもしれません。

最近になって日本でも大学教授がベンチャーを立ち上げる事例も出てきました。また国立大学の独立法人化は、大学そのものの意識を根底から変える可能性があり、従来のように「私は理論を考える人」「私はそれを学んで実践する人」という区分けがだんだん薄くなることは間違いないと予想されます。

いずれにしましても、経営理論から離れられない経営者は経営理論に振り回されないように自覚すべきだと思います。

人間は、理論通りには動かない

経営理論を実践しようとしてもうまく行かない理由のひとつは、従業員にしろ顧客にしろ、相手は人間だからです。これも単純な話で、「人間は、理論通りには動かない」のです。だから、人間に対する対応能力に乏しい大学の先生などが現場で指揮を執ろうと思っても、多くの場合は失敗に終わるのです。

まったく役に立たない経営理論の類に、例えば、「一人の管理者には、何人の部下が最適か」などというのがあります。私に言わせれば、このような「数値化」は、まったく無意味です。なぜなら、愚かな上司にはたった一人の部下さえ、まともに管理することなどできないからです。上司が真に優秀で、かつ部下がみんなしっかりしていたら、百人だって動かせるはずです。

一人ひとりの能力と適性とは無関係に、組織のコントロールスパンを考えるなどということは、馬鹿げています。

実際の経営においてもよくあるのですが、組織というハコを作って、そこに人間を当てはめ、いざスタートさせてみると、あちこちで不具合が生じる。結局、狙ったような効果はなかなか、生み出せないのです。なぜそうなるかと言えば、それぞれのハコに、必ずしも最適な人が揃っているとは、限らないからです。この場合の組織は、人間の問題を置き去りにした、まさに机の上で書かれた「空論」に過ぎないことになります。絵に描いた餅で空腹を満たすことは、できません。

大きな企業になると、あるべき論で組織図を描くのが得意な優秀な人がたくさん存在します。その図を描くのが一番重要な仕事と思い込み、絵を描き終わると仕事が終わったと勘違いする人が多いのが実態です。芸術の世界であれば、そこで仕事は終了かもしれませんが、その絵が実際に具現化され、成果を生み出すところまでいかないことには、真に仕事をしたことにはなりません。描いただけではまだ何も価値を生み出していないのですから。


では、人間を動かすうえでのリーダーシップをどう発揮していくか？　この点でも、理念をしっかりと軸に据えることが従来にも増して、大切になっているのです。社員、従業員個々人が持つ〝要素〟の特徴が、以前と今日とでは違ってきているからです。

第一章で、「バブル期には経営者はいらなかった」ということを申し上げました。同じ言い方をするのなら、「かつての経営に質の高いリーダーシップ」はなくても何とかなったのです。かつての日本では「働くのは当たり前」「企業に忠誠を尽くすのは、当たり前」でした。放っておいても中へ中へと集まり、集団としての力を発揮した。そういう環境では、質の高いリーダーシップというのはなくても組織をひとつにまとめることは可能であったのです。

現在は、どうでしょうか。二十代の人たちの発言、行動を見ていれば一目瞭然です。例えば、いわゆる一流ブランド企業を二年や三年ですぐに辞めてしまう。彼らにインタビューしてみると、みな同じことを言います。「私は自分のキャリアが作りたいんです」「もともと一社に骨を埋めるつもりはありません」

従来と、企業に勤める人々の「思い」が明らかに、異なっているのです。個々人の要素の質、すなわち考え方が大きく変化しているのですから、彼らをまとめて同じ方向を向かせるリーダーシップに求められるものも、まったく変わってきて当然です。

放っておいても中へ中へと集まってきた時代には必要なかったもの――それは、リーダーの「強烈な思い、理念と、それに基づく行動力」である、と私は確信します。もちろん、従業員に同じ方向を向かせるためには、それなりの報酬が必要になるでしょう。しかし、彼らがすぐに転職したり、会社をキャリア獲得の道具と割り切ったり、という行動の裏には「より、やりがいのある仕事がしたい」という思いが秘められているのも、事実なのです。

物がない時代に育った人と、物余り時代に育った人間が、考え方において違いが生ずるのは当然のことです。考えようによっては食べるためでなく自己実現のために働きたいという思いは、素晴らしいことであるとも言えます。

最近の就職専門誌などには「社会に役立つ仕事」といった見出しも目立ちます。市場に価値を提供するという、これ以上ないやりがいのある理念、ビジョンを経営者が正面からとらえ直すことは、優秀な人材を確保するという点でも、かつてなく重要になっているように思うのです。

恐怖で人は育たない

昨今、リストラと称して次から次へ人を減らす企業が少なくありません。個別の事情はあるにせよ、こうした企業で実質的に従業員をまとめる力になっているもののひとつは、「首切りにあうかもしれない」という恐怖心です。

恐怖は、確かに企業に対する忠誠を誓わせるかもしれません。しかし、それはどうひいき目に見ても、一時的なものでしかありません。長い期間、人間の心をつなぎ止めることは困難でしょう。ましてや恐怖政治が行われている現場では、一番大切な個々人の能力は、絶対に伸ばすことができません。

マネジメント・スタイルにもいろいろあります。社員を励まし、まとめていくタイプもあれば、結果的に恐怖心がテコになる場合もあるでしょう。でも、恐怖を中核に据えた経営は長続きしないのです。現在の日本には、何かリストラをしない企業は改革の波に乗り遅れるといった風潮が横溢しているのですが、バブル期の自らの放漫経営にほおかむりしたまま（責任もとらずに）、従業員を切り捨てるだけで利益確保に汲々としているような企業には、将来の夢を感じることはできません。

そのように断言するのは、そこに経営理念の片鱗も見出せないからに、ほかなりません。

最近は、大型の企業合併も大はやりです。旧財閥の枠、系列の枠を超えた統合が、もう珍しくなりました。もちろん、企業合併自体を否定するものではありません。しかし、大袈裟に言えば、拠って立つ文化のまったく違うもの同士が完全に一緒になるというのは、ほとんど奇跡的と言ってもいいほど難しいことなのです。

育ちの違う二人が一緒になって生活するだけでも、たくさんの思いの違いが生じてきます。ましてや大人数の企業がひとつにまとまるのは大変です。

弱い者同士が一緒になって強くなることを望むのは難しいことです。しかし、強い者同士が一緒になったときも楽ではありません。必ずお互いの企業風土・文化のぶつかり合いになります。そしてこのぶつかり合いをしている最中は、顧客にとって何も価値を生み出していないということに心を置くべきです。

この奇跡を奇跡でなくするものがあるとしたら、それはやっぱり、理念であると私は思います。お互いが共有すべき最も大事なものは、経営理念であるはずなのです。しかし、大型合併の記者発表の席上で、今後の理念を口にしたトップの方が、何人いらっしゃったでしょうか。聞こえてくるのは、「合併による業務全般の効率化」「外資に負けない体力の構築」……。それだけで、本当に今の激変する経営環境の中で闘っていけるのでしょうか。この点については、第三章で改めて、論じたいと思います。

経営理念・行動指針を日常に生かす

大半の企業では、社是社訓で「お客様第一」を旨とする経営理念をうたっています。これらが多くの場合、額縁に入れられたまま閉じ込められていることも、述べてきました。

しかし、これは決して礼拝の対象ではありません。その企業が存在する限り「実践」に移さなければならないことなのです。

経営理念は、「その企業に働く人たちが共有すべき価値判断の基軸」と言い換えることもできるでしょう。そもそも企業はこの理念、ビジョンを実現するために誕生したのです。変化の大波に直面したとき、立ち返るべきところはやはり、この経営理念であるはずなのです。

中長期計画、年度方針は言うに及ばず、日々の企業活動が経営理念や行動指針と突き合わせた時にそれと合致しているのか、逸脱はないのかを検証していく態度が、いま必要なのではないでしょうか。現状を見ると、残念ながら理念と実際の行動は、乖離している場合が圧倒的に多いと言わざるをえません。経営理念、行動指針が単なるお題目になってしまっているのです。

非上場の会社なので、ご存知の方は少ないかもしれませんが、老人福祉関連の仕事に携わっているハーフ・センチュリー・モアという企業があります。ここの金澤富夫会長という方が、かつて高齢者ケアを目的とした施設を建設するために、賛同者を募って数百億円というお金を集めました。時あたかも、バブル期に突入していました。しかし金澤会長は、施設を建てるまでの間、ずっと資金を銀行に「眠らせた」ままにした。まわりからは、当然のように「なぜ株に投資しないのか」「少しだけでも土地を買っておけば、儲けられるのに」と、さんざん言われたそうです。でも、彼は頑として聞き入れなかった。

「儲けるために集めたのではない。老人のための施設をつくるために、預かっているお金だから」

これが、金澤さんのいつもの答えだったそうです。誘惑に満ちたバブル期にも、そもそも自らの企業は何のために存在するのかという経営理念を曲げなかった、数少ない実例と言えるでしょう。そして、まさに行動指針から逸脱しなかったことが、彼や彼の企業を救ったのです。あの時期に本業をないがしろにしてバブルに踊らされた大半の企業がいまどうなっているか考えただけで、そのことは明白です。

一時的に財をなして規模の拡大を図っても、市場に価値を提供できなかったとしたら、結局見捨てられることになるでしょう。商品やサービスを買う顧客にとって、多くの場合、選択基準はその企業の「業績」などではなくて、提供される満足の質そのものなのですから。

ディーリングに価値はない

世の中に価値を提供しているか否か、という観点から、正反対の例を紹介しておきましょう。

そこに従事していらっしゃる方には、大変申し訳ないのですが、私は金融業、中でもディーリングという仕事に関してまったく、価値を感じません。カネにカネを賭けているに過ぎないとしか思えませんし、そこからは何も生まれないと考えるからです。

もちろん、大きなリターンを得られる人はいるのかもしれませんが、その分どこかで誰かが損をしている。トータルすれば差し引きゼロ、すなわちゼロサムの世界なのです。

適切なたとえかどうか分かりませんが、競馬などのギャンブルと本質は変わらないように思います。競馬を楽しむ方は、出走する馬の体調から馬場の状態まで、詳細なデータを収集、分析してお金を賭ける。賭ける対象が馬か、政治や経済かという違いだけで、その行為自体が社会に対して何らの価値をも提供しないという点では、共通のものなのです。

正確に言えば、競馬、競輪の方が税を自治体に直接納めている分、ずっとましかもしれません。損得も個人以上に拡がることはありません。

ディーリングは価値を提供しないどころか、その行為は時として真面目に暮らしている人たちの生活を脅かしさえします。事実、通貨危機を招いてマレーシアというひとつの国家の存在自体を危うくするような事態まで引き起こしました。しかし、「とにかく儲けた方が勝ちだ」という彼らの判断基準に照らせば、それは何ら責めに値する行為ではない、ということになります。

これが仕事として、その前に人間として、正しいことなのでしょうか。私は、そうは思いません。

暴論に近くなりますが、私はあの世界はなくなった方が、はるかによい世の中になると思っています。たとえば、製造業の現場で一円、いや一銭を稼ぎ出すために汗水流したものが、あの方たちの投資ではなく投機によっていとも簡単に吹き飛んでしまう。多くの人たちの血のにじむような努力が、たった一人の勝手な「投機判断」で水泡に帰すことが珍しくはないのです。こんなことが続けば、製造業は物理的にも精神的にも、本当に駄目になってしまうように思えてなりません。

ディーリングは、ある意味で資本主義の極致と言えるかもしれません。「資本」が「主（あるじ）」で、かつ「正しい＝義」と書く経済体制のもとでは、「カネにカネを賭けて、何が悪いのだ」と開き直られれば、反論は難しいようにも思えます。しかし、何度も言いますが「世の中に価値を提供することこそ、企業の存在意義である」という軸で判断するならば、その存在する意味はゼロです。

そもそも経済とは何のためにあるのかを考えるべきではないでしょうか。

経済の語源は「経世済民」すなわち世を治め民を救うことです。すなわち人々の幸せのためであり、それ以外の何物でもないことを再認識すべきでしょう。

経済活動そのものが、世の中を悪くするようであれば、それは本末転倒であるということです。

さすがに、最強の資本主義国家であるアメリカでさえも彼らの「行きすぎ」が指摘されるようになりました。ヘッジファンドなどのコントロールが、論議の的になっているようです。まったく当然の成り行きです。

虚の世界に惑わされない信念を

企業は世のためであり、雇用確保は企業の重要な役割のひとつであると言ってきた日本の経営者のみなさんも、この点では是非、信念を持って欲しいと思います。

「株価」が重視され、それに伴う「ＩＲ活動」（インベスター・リレーションズ、すなわち企業経営の内容を社外の人、特にアナリスト向けに分かりやすく説明すること）の重要性が叫ばれるようになりましたが、あまりにそちらの方向にシフトしすぎているのではないでしょうか。

そもそも、企業の価値を株価のみで計ることには無理があります。よい例が昨今のＩＴ関連企業といわれる会社の株価で、ほんの一〜二年の間に急騰、暴落を繰り返しました。しかし、企業の価値が一瞬のうちに十倍になったり百分の一になったりするものでしょうか。投資ではなく投機に近くなったときには、そこに見えているのは「実」ではなくて「虚」の世界であると認識すべきです。虚の世界に惑わされては、いけません。

千人雇用している会社と、十万人雇っている企業。株価の時価総額は後者が前者の半分しかないとしたら、「後者の企業は前者の半分しか価値がない」ことになるのでしょうか？

私は、そうは思いません。裾野を含めれば何十万人の雇用を維持しているという価値を無視するのは、やはり間違っていると思います。

もちろん従来よくあったように、役員会は形骸化、次期社長も当然のようにいまの社長が子飼いを指名する、といったまったく株主無視の経営が許されるのがよいというわけではありません。真面目に会社を支え、期待を抱いている投資家をないがしろにすべきではないでしょう。しかし、「株価こそすべて」と言うが如き経営論は、はっきり言って行きすぎだと思うのです。

バブル崩壊後も雇用に手を付けなかった数少ない大企業のひとつが、トヨタ自動車です。「トヨタを変えた」と称される奥田碩会長は、社長当時にあのアメリカの格付け会社、ムーディーズが「終身雇用に固執している」ことを理由に同社の長期債の格付けを下げたとき、怒りを露わに堂々と抗議しました。

経営者たるもの、この信念が欲しいとつくづく思うのです。

「人を減らして利益が上がり、株価が持ち直したことを喜んでいるようでは、経営者失格である」

「欧米と日本のスタンダードは違う。レイオフされてもすぐに再就職先が見つかるアメリカといまの日本を同じに考えるべきではない」

「業績悪化で従業員の首を切るなら、経営者はまずその責任をとって腹を切るべきだ」

今の風潮に苦言を呈すような〝奥田節〟は、私には、いちいちもっともな指摘に聞こえます。企業である以上、人々の雇用そしてその維持というのも重要なミッションなのだ――ここまで言い切っている経営者は、残念ながら昨今の日本には少ないように思えます。

もっとも思っていても発言していない経営者の方がずっと多いのが事実かもしれませんが。終身雇用を核とした日本型経営をあくまでも貫くことを明言し実行しているトヨタが、結果的に世界のどの自動車メーカーよりも高い利益を上げている。このことを、正面から受け止めるべきだと思います。

経営者だけがリーダーではない

やや寄り道になりました。リーダーシップとは何かに、話を戻しましょう。

どんな組織でもそうですが、トップに立つものだけがリーダーというわけではありません。企業活動においては経営者だけがリーダーではない、言い方を換えればいろいろなところに、リーダーシップを備えた人間が「配置」されていることが理想なのです。

「随所に主となれ」という言葉の通り、いろいろなグループ、チーム……様々な括りにおいて、リーダーの存在が必要とされているのです。

リーダーシップについて、この章の初めで「カオスを秩序ある状態たらしめること」と定義しましたが、もう一歩、踏み込んでみましょう。

一時の経営不振を立ち直らせたGEのジャック・ウェルチ氏にしても米国IBMのルー・ガースナー氏にしても、求められる「組織の長」について、このように言っています。

「当社に管理者はいらない。リーダーが欲しい」

管理者はその名の通り「管理する人」であり、基本的に、創造的な何かを生み出せる人間ではありません。経済が右肩上がりの時は、管理者の集団でよかったのかもしれません。しかし環境が変わったいま、必要なのはリーダーなのです。

リーダーとは、進むべき方向性を示し、組織のメンバーをまとめ、そしてこれが重要な点ですが、メンバーの仕事がうまく行くように「支援」する人のことなのです。行くべき道が決まったら、先頭に立って地ならしをし、立ち止まっている人に声をかけ、時には荷を分かつ存在と言ったらよいでしょうか。ここが管理者との違いです。

こうした観点から日本の大企業、特に本社組織を眺めてみると、残念ながら見事なまでの管理者の集団、すなわち価値を生み出していない人たちの集団ということが言えると思います。

こういう企業の「組織図」は、ピラミッドにたとえれば、社長が一番上にいて、様々な段階の管理職が層をなして、第一線の社員は最も下という形になっています。ちなみにこの場合、「お客様」はそのさらに下、ということになります。

そして、「顧客第一」のスローガンを掲げながら、〝実務〟においては「ユーザーニーズを吸い上げる」などと言っているはずです。「吸い上げる」というのは、自分が上にいると認識していなければ、絶対に出てこない発想。〝プロダクトアウト〟に慣れ親しんだ会社の経営者は、そのことのおかしさに、まったく気付いていません。

本当に顧客指向を言うのならば、ピラミッドはひっくり返すべきなのです。すなわち、一番上にお客様や市場が広がり、そこに直接接する第一線、そして中間管理職、一番下が経営者、社長です。当然のことながら、「下が上を支える」ことになります。中間管理職という言葉を使いましたが、彼らこそ先ほど述べたようなリーダーでなければなりません。経営者は、なおさらです。そうでなければ、この逆ピラミッドはやはり絵に描いた餅、すぐに転んでしまうでしょう。

しかし、ちらばったリーダーたちがその力を発揮してこの組織図を支えるならば、管理などではなくて支援を旨とする仕事に徹したならば、一番上にいる顧客のニーズがどんどん「落ちて」くる、そんな集団に生まれ変われるはずなのです。

大阪市に九七年五月にオープンした有名なホテル、ザ・リッツ・カールトン大阪ができたときのエピソードです。日本でのオープンに際して、米国本社は、何をやったか。数週間前に、社長以下それこそ本社スタッフが総出でやって来て、ホテル従業員の教育から何から準備を手伝って、オープンの前日に帰国していったそうです。

この話を、私は同ホテルのクオリティ担当のディレクターである、檜垣真理子さんから、直接うかがいました。

「彼らには、管理者という発想は、微塵もなかった。本当に、驚きました」。彼女は、こうおっしゃっていました。まさに、支援者にほかならなかったのです。これこそ、あるべきマネジメント・スタイルではないかと、その話を聞きながら痛感しました。現場を助け、勇気付ける――そんなリーダーこそが、いま求められているのです。

リッツ・カールトンといえば、CSに関する最も権威ある賞である、マルコム・ボルドリッジ賞（アメリカ大統領から直接授与される）を二度も受賞している企業です。大阪のホテルも、初年度から黒字基調を定着させていますが、その理由の一端を、垣間見たような気がします。

リーダーは現場の真実を把握せよ

現場を支援しようとするとき、当然のことながら「現場はどんな問題を抱えているのか」を知ることが、最も緊急かつ重要な課題になるでしょう。そこで経営者、管理者の方に、質問してみたいと思います。

あなたの耳には、毎日、現場や部下が仕事上で〝困っている〟という報告が、どれくらい聞こえてくるでしょうか？

「まったくないですね」「極めて少ないですよ」

そう答えられるとしたら、それは実は、あなたの会社や担当する組織に問題が存在しないのではなくて、単に日々発生している問題があなたのところに伝わっていないからだ、と考えるべきです。

なぜなら、〝現場はいつも問題だらけ〟だからです。どんな優良企業でも、第一線は毎日、困難に直面して右往左往、四苦八苦しているのが実情です。

私自身、日本アイ・ビー・エム時代に、長く本社を離れて地方の「現場」におりましたので、その辺の状況は痛いほど分かります。

こういう現場の生の息づかいがストレートに伝わらないのは、会社組織を円滑に運営していくという点でも、現場の悩みに投影された市場のニーズを汲み取っていくという点でも、大きな損失です。

では、どうしてそんなことになるのか？

はっきり申し上げて、それは聞く側に「聴く能力・姿勢」が欠如しているからです。

こう表現しますと、ほっとなさっている方も、いらっしゃるかもしれません。

「俺のところには、現場の悩みはどんどん集まってくる」

しかし、あえて私は「本当に、そうですか？」と、問いたいと思います。これもピラミッド型組織の特徴で、「最下層」ではドロドロに濁っていた水が、階層構造の仕組みを通過してくるとだんだん浄化され、頂上にたどり着いた時には蒸留水のようになっていることが少なくないからです。

これは、〝階層構造組織〟の宿命です。「生の情報を直接伝えろ」と口で言ったところで、ほとんど実は上がらない。やはり伝わってくるのは何層ものフィルターを経た「情報」になってしまうのです。

では、どうしたら現場の真実を把握できるのか。やはり、ポイントは「聴く能力・姿勢」であると、私は思います。


ある企業で社内掲示板に、「拝啓社長殿」というメールボックスをつくり、トップがまさに生の情報を集めようとしました。社員が、誰でも現場の声を伝えることができるような場を提供したわけです。仕組みとしては大変、素晴らしいと思います。しかし、この仕組みがうまく機能するかどうかは、そこに入力された声に対して、マネジメントがどのように対応するかにかかっているのです。これが、なかなかに難しいことなのです。

案の定この会社では、すぐにメールボックスに現場の真実は、集まらなくなってしまいました。

ある社員が社長に対して現場の問題点を指摘したところ、すぐに彼の直属のボスに呼ばれ「お前は、何ということをするのだ」と、お目玉を頂戴する羽目になったのです。

「〝現場の声を聞かせて欲しい〟という言葉を真に受けて、あの掲示板にホントのことを書き込んだりしたら、えらい目に遭うぞ」

ネットの時代です。こうした「情報」こそ、瞬時に社内中に広まることになります。

リーダーは現場と直接対話せよ

それでは、現場の真実の声はどのように把握したらよいのでしょうか。理屈抜きに一番簡単なのは直接話し、聴くことです。

古今東西、変革期のリーダーに共通の要素がいくつかあると思うのですが、組織の構成員との「直接対話」もそのひとつではないでしょうか。

江戸時代、危機的状況の米沢藩を救った上杉鷹山。彼は、あの時代に足軽を城の中に招き入れ、藩の窮状を直接訴えました。これは、現代にたとえれば大企業の役員会に、下請け、孫請けの人たちを加えるぐらいのインパクトだろうと思います。まさに、ダイレクトコミュニケーション。そして、そこで語られたことは、きれい事などではなくて真実でした。本音で彼らと向かい合ったのです。

「これだけ厳しい状況に直面している。だから、我慢できるところは我慢して欲しい」

そのうえで、今後の方針を明確に打ち出すとともに、鷹山は倹約を率先垂範しました。自ら絹の衣を木綿に着替え、側用人を十人から一人に減らしたのです。こうした実践がなければ、恐らく彼は歴史に名を残すような存在にはなりえなかったのではないかと思います。

しかし、部下と面と向かって話せばそれですべての真実が明らかになるかといえば、そう単純でないところに難しさがあります。

ある大企業の実例です。トップが自らの発案で、定期的に十人程度の社員を集めて語り合う、「社長との対話」という場を設けました。素晴らしいことだと思います。ところが、現在どうなっているかというと、どうもその場では社員の本音は語られていないようなのです。

実は、「対話」に出席するメンバーは、あらかじめ人事担当が人選を行い、事前のレクチャーさえ施されていました。

「くれぐれも、失礼のないように」「こんなことをうかがってみたらどうか」「こうした発言は、絶対にいけない」……。

これで、本音が語られるはずがありません。現場の生の空気など、伝わるわけがないのです。ところが、トップにしてみれば、確かに現場の人間と直接話をしているのですから、「私は彼らの本音を承知している」という理解になってしまう。残念ながらそこで語られるのが真実の声などではないにもかかわらず、です。

こんな例もあります。多くの企業で行われる、一泊二日程度の社員研修。いろいろなレクチャーを受けた後、夜になるとやおら、社長が登場しておっしゃいます。「常日頃、みなさんも私に言いたいことがあるはずだ。会社について感じている問題点もあるだろう。よい機会なので今夜はひとつ、忌憚のない本音を聞かせて欲しい」

しかし、この「本音を」というのがくせ者で、実はタテマエであることが多いのです。だから、これを社長の本音と勘違いした社員が「申し上げたいことがあります……」とはじめると、大変です。

「私は常日頃のあなたのおっしゃることに、疑問を感じています」

「それを聞くためにここにきたのだ。どういうところかね？」

「社長のご発言には裏と表がありすぎます。そもそも、現場の状況が分かっていらっしゃらない……」

最初のうちは真剣に聴く姿勢と思いを持っていた社長の顔がだんだん険しくなり、引きつってくる。この時点で、しゃべっていた社員は気付きます。「私は、間違ったことを言ってしまった。ここは本音を申し上げるところではなかった」

そこで、話の筋を変更し、最後は「今夜は社長と直接お話しできて、大変有意義でした。問題は会社にではなく、自分にあることが初めて分かりました」などという形で、締めることになります。

社長の方も「そうか、今日はお互い理解が深まってよい機会だったな。今後とも、いつでも本音で私に意見をぶつけて欲しい……」などといった具合に落ち着いてしまいます。事態は何も把握されていません。

現場で起こっている問題を正確に把握するためには、それを可能にする仕組みをつくる必要があります。ただし、トップが何十回、「生の意見交換ができる場をつくれ」と号令をかけたところで、結局、形だけのものになってしまうことが少なくない。どうしてなのか？

原因を突き詰めていくと、それは号令を発しているトップ自身にあることが分かってきます。上に立つ人間は、時として「聴きたくない」ことに耳を傾けなければならないのです。その〝度量と勇気〟がなければ、部下や現場の社員は決して「都合の悪い真実」を話そうとはしないでしょう。すなわち、現場や第一線で起こっている問題、お客様が困っていることは、伝わりにくいということになります。

「聴く勇気、言わせる度量」。残念ながらそれを備えている経営者は少ないように感じます。

巨人アイ・ビー・エムを変えたトップの行動力

私は現在、ＣＳを基本に据えた講演や、個別企業のアドバイス及び日本経営品質賞アセスメント基準の普及などをやらせていただいています。その活動の原点にあるのは、日本アイ・ビー・エムで、北城《きたしろ》恪《かく》太郎《たろう》前社長（現会長）時代に取り組んだＣＳ活動です。

口幅ったいところもあるのですが、ここでは、この時の私自身の経験をやや詳しく、具体的にお話ししてみたいと思います。そうすることでＣＳの本質、リーダーシップの重要性について、より理解を深めていただけるのではないかと思うからです。

北城さんは、九三年一月に社長に就任すると同時に、三つの経営ビジョンを明らかにしました。日本アイ・ビー・エムを、①お客様指向の会社にする、②変革をリードする会社にする、③自由闊達な会社にする――の三点です。そして、結論から申し上げれば、これらを見事に実践して、新しい社風を作り上げることに成功されました。

ビジョンの最重点課題であり、この本を貫くテーマでもある「顧客指向」について、どのような形で実践したのか、みていきましょう。

日本アイ・ビー・エムを顧客指向の会社に作り替えるうえで決定的に重要な働きを演じたのが、「お客様満足度向上委員会」です。

委員会のできたのが、九一年。きっかけは、その前年に行われた社内アンケート調査の結果でした。

「日本アイ・ビー・エムは顧客を大事にする企業だと言っておきながら、実際はそうなっていない」

こんな声が、ほかならぬ社員からたくさん寄せられたのです。そこで、時の椎名武雄社長（現最高顧問）が、「それなら、顧客満足度委員会を作ろう」と決断された。委員長を任命されたのが、専務だった北城さんだったわけです。

ただ、最初からうまくはいかなかった。試行錯誤の末、本音で語り合う場になったのは、北城さんが社長に就かれてからの時期です。


委員会のメンバーは社長以下、広報、人事、財務、営業、製造、開発の各担当と主要役員計十数名。各回の具体的なテーマについては、CS部門のメンバーが選定し提案していましたが、大枠は「顧客満足度調査の結果および現場の声」。これだけで二時間話し合う場でした。

この会議が月に一回、八月を除く毎月開かれるのですが、北城さんはこれを一度も休みませんでした。一九九九年十月の会長就任までの九年間、計百回の会議はただの一回も中止になることはなく、かつそのすべての場に自分自身が出席し続けたのです。

米国本社に突然呼び出されるなどということはしょっちゅうでしたから、たまたま委員会の日と重なってしまうこともありました。しかし、会議を部下に任せるようなことはせず、委員会の方を別の日に設定し直して必ず自分が出席する熱の入れようでした。

いつかこんなこともありました。お客様満足度向上委員会の開催予定前日、「明日は大雪で、交通機関がズタズタになる」ことが確実視されたことがありました。この時はさすがに「どうしようか」という話になったのですが、結局「一度やめると、これからもいろんな理由をつけて中止したりすることになるかもしれない。やめるのは、やめよう」という北城さんの決断で、会議は予定通り開かれました。案の定欠席せざるをえない役員の方もいらっしゃいましたが、会議の中身自体は実のあるものだったように、記憶しています。

中止にしなかったのは、「お客様満足度向上委員会こそ、社長として最も重要視しなければならない会議である」という信念が、北城さんにあったからです。そして彼はその信念を〝皆勤〟という形で実証されました。このことがまず、何よりも重要だったと思います。

ただし、いくつか例をあげたように、会議などの形だけ整えても、そこで得られるものは少ないのです。日本アイ・ビー・エムのお客様満足度向上委員会がそういう形骸化を免れたのは、そこが真実を知り、本音を語る場になっていたからにほかなりません。

ではどうしてそのようなことが可能になったのでしょう。

会議には第一線の管理者が、「オブザーバー」として招かれます。実は彼らこそ、お客様満足度向上委員会が本来の役割を果たすうえで、欠くことができない存在なのです。オブザーバーは、初期の頃は五名程度でしたが、徐々に増えて、現在は二十〜二十五人が毎回、参加しています。

現場と接し、日々困難に直面しているであろう彼らが、社長以下の役員たちがその現場の問題を討議する姿をじっと見つめ、直にその内容を聞いているのです。ちなみに、オブザーバーはテーマの内容なども考慮してその都度選ばれますが、あらかじめ会議についてレクチャーを受けることなどは、皆無。役員への事前の根回しも、百パーセント、ありえません。

ここまで徹底した結果、そこでは限りなく本音に近い討議が行われるようになりました。現場の目が光っているのだから、それは当然のことです。

トップも含めて、常日頃口にしている「お客様のために」をどう実践しようとしているのか、社員の前ですべて、つまびらかになります。トップを慮って現場の声を反映させないような姿勢が少しでも見えれば、「下」からの信頼を失う可能性だって、あるのです。だから、会議は本音であるのと同時に、放っておいても真剣そのものの雰囲気にいつも包まれて、進行することになりました。

このことが、今度はオブザーバーとして参加した第一線の社員たちに、反作用として返ってきます。会議終了後、全オブザーバーにコメントを求められることになるのですが、そこでは必ずと言っていいほど彼らが受ける軽いショックに似た感想が語られます。多くは、社長を筆頭に、顧客満足ということについて真剣に論議していることへの驚き、感動です。

「まさか、本当に（顧客満足について）議題にされているとは思いませんでした」

「日本アイ・ビー・エムがＣＳに力を入れているというのは、本当だったのですね」

私が覚えているコメントの中には、次のようなものもありました。

「実は、先ほど議題に上がったテーマは昨晩、私が大阪で提起し、論議したものでした。それが翌日、しかも社長以下キーの役員のみなさんが揃っているこのような場所に届き、かつ解決策が討議されるなんて、本当に夢のようです」

このコメントに、〝事態〟が凝縮されていると思います。簡単に申し上げれば、二万人以上の従業員を抱える日本でも屈指の規模の企業でありながら、経営者まで現場の問題がリアルに報告され、そのことに対して真摯な話し合いが実際に行われていた、ということです。

米国本社がマネた!

この「驚き」は、オブザーバー参加した社員を通じて、現場にフィードバックされることになります。同時に、議事録は基本的に発言者の実名とともに、イントラネットを通じて社内にすべて公開されるのです。

お客様満足度向上委員会はこうして、日本アイ・ビー・エムという会社を、本当の意味で顧客指向の徹底した組織に変えていきました。毎月会議に参加する役員の中には、担当部署で独自のCS委員会をつくり、自分が北城さんの役になることで、よりスピーディーな解決を目指そうという方も、現れました。社長が信念を持って自ら動いたことが、変革に結びついていったのです。

言うまでもなく、お客様満足度向上委員会は社内を変えたばかりではなく、顧客に具体的な価値を提供するという実体的な意味でも大きく貢献しました。

随分前のことになりますが、パソコンユーザーから、土日の「相談センター」開設の要望が寄せられ、論議になったことがあります。

利用者の気持ちは分かるが、コストの壁はいかんともし難い。討議は堂々巡りで、やや煮詰まった感じになりました。その時、それまでじっと話を聞いていた北城さんが「もう一度、お客様の立場に立って、考えてみましょう」とおっしゃいました。

そうです。顧客の視点に立つならば、結論自体は明白だったのです。そして、問題のコストについては「何とか増やさないように、努力して下さい」。

活字にすると、まったく二律背反の不可能を可能にせよという〝無理強い〟に思えてしまうのですが、そこには「顧客を第一に、そのために生じる困難は頭を使って克服せよ」というメッセージが込められていました。そのことが、会議の出席者にはよく理解できるわけです。だから、最後は全員一致で「よし、やろう」ということになります。

実は、いろいろな講演などの際にも、この点は多く質問を受けるところなのです。

「顧客指向の大切さは分かりましたが、お客様の言うことを何でも聞いていたら、経費が際限なく膨らむことになります。この辺はどう考えればいいのでしょう？」

私は、次のように答えることにしています。

「経営である以上、最終的には利益を出さなければならないでしょう。しかし、初めから売り上げ、利益を目の色を変えて追い求めると、歪みが生じます。長い目で見れば業績アップもおぼつかないでしょう。儲けようと思って儲けられる時代ではなくなっているのです。まず最初に考えるべきことは、お客様にとってどうなのか、ということなのです。そして、その方策を見出したら、次に、いかに少ない経費でそれを実現するのかに頭を使うべきなのです」

多くの場合は、「少ないコストでどのように顧客の満足を実現するのか」ではなくて、「顧客対応が経費からみて、いかに〝非現実的〟か」という資料づくりに知恵を費やしているような気がします。

日本アイ・ビー・エムでは結局、土日にもパソコンユーザーの問い合わせなどに応じる「相談センター」を、いち早く開設することになりました。マンパワーの強化などにそれなりの投資は必要になりましたが、同時に機械化をできるだけ進め、コスト増は最小限に抑えられました。今ではどのメーカーでも当たり前のように休日の相談に応じていますが、発端はまさにこの時の会議での北城さんの発言にあったと言って、よいでしょう。


こうした実践を経て、対外的な評価が徐々に高まり、それは、データで裏付けられるようになりました。お客様満足度向上委員会を軸に据えた日本アイ・ビー・エムの顧客満足度が各種の調査で、上昇を続けたのです。

実はこうした調査で返ってくる具体的なコメントは、以前は会社に対する非難ばかりでした。

「営業のやり方が、ケシカラン」

「クレーム対応が、なってない」

しかし、九二年頃から風向きがはっきり、変わりました。まず否定的な声、非難、批判が目に見えて減っていきました。入れ替わるように、例えば営業部員の具体名をあげた感謝の言葉などが寄せられるようになり、九三年度以降、その数がどんどん増えたのです。

ついに、ＩＢＭの米国本社がこの仕組みに着目するに至りました。五年ほど前ですが、この日本発のモデルを本社に導入したのです。北城さんはそれ以来、世界のＩＢＭのシニア・マネジメントから、「ＣＳと言えば、キタシロだ」と言われるようになっています。

リーダーは怒ったらだめだ

トップを含めた会議で、現場の問題が真摯に語られる――。ここに日本アイ・ビー・エムのＣＳが実のあるものになっていった最大のポイントがあります。それを可能にしたのは、一にも二にも、トップのクオリティの高さ、これに尽きます。

ここでいう「クオリティ」は、高尚な理論が語れるとか、カリスマ性が備わっているとかいうことでは、ありません（もちろん、そういうことが必要な場合もあるかもしれませんが）。例えば怒鳴り散らすことで部下を〝支配〟するようなことをしないという、リーダーとしての「質の高さ」なのです。

「売り上げは、どうなっているのだ！」

「なぜ、目標が達成できないのだ。対策はどうなっているんだ！」

このようなレビューだけなら、誰にでもできます。発生した問題について支援したり、解決策を提示したりせずに、恐怖で現場を押さえ込もうとするのは、少なくとも経営トップにあるまじきこと。これからのリーダーとしては失格であるというのが、私の信条のひとつです。イソップの寓話を馬鹿にするなかれ。北風と太陽では、絶対に太陽が勝つのです。

北城さんという方は、そういう意味ではまさに太陽でした。年に一度、怒るか怒らないか。すなわち、いつも穏やかに相手の話を聞き、しゃべることができる人間なのです。

ある時、お客様満足度向上委員会でこんなやりとりがありました。ある問題について、担当役員が「北城さん、これについては十分に現場に徹底しました。もう、大丈夫です」と経過報告を行ったのです。

ちょうどその場には、当該の現場の人たちがオブザーバーとして何人か、出席していました。そこで北城さんはその人たちに向かって、「確かに徹底されたのですね？」と問いかけられました。ところが、そこにいた誰も、そのことを知りませんでした。現場には、まったく伝わっていなかったのです。主要な役員が集まる会議で議題になるテーマです。それなりの重要性、緊急性を帯びた課題でした。

「現場は知らないと言っているじゃないか。君はいったい、何をやっているんだ！」

こう怒鳴られても、仕方のない状況ではありました。しかし、そんなときにも北城さんは、決して怒りません。代わりに、大変穏やかな口調でこう言ったのです。

「まだ、誰も知らないようですね。どうして伝わらなかったのか、どうしたら伝わるのかを考え、実践してみて、来月もう一度報告して下さい」

これで終わりです。

次の月の会議。メンバーは変わりましたが、やはり当該の人間がオブザーバーとして参加しているところで、その役員が「今度こそ完璧です。十分に手を打ちましたので、これについてはもう問題はありません」と「報告」しました。ところが、現場に聴くと全員ではないが、まだ知らない人が相当数いる。

こうなると、さすがに〝檄が飛ぶ〟のが普通でしょう。相手は上級のマネジメントなのですから。

しかし、彼の口から出た言葉は「まだ、半分の人には伝わっていないようですね。どうしてでしょう？　これは大事なことですので再度徹底するようにし、来月もう一度、報告していただけますか」というものでした。

常に、穏やかです。社長にもいろいろのタイプの人がいる、と言ってしまえばそれまでですが、私はトップのそうした態度にこそ、その場での本音のやりとりを引き出す最大のカギがあったと思っています。先に述べた「度量」につながるものだと、考えるからです。

自分の前で本音の討議をさせることができること、これは二十一世紀型リーダーの極めて重要な資質です。

なぜなら真実の情報、真実のデータがなければ、経営はできないからです。タテマエでは経営はできないはずなのです。

「相手の言うことを、腹を立てずに最後まで聴くこと」。一見簡単なようで、実は難しいことです。そしてこれは、「理念実現に向けたリーダーシップ」の基本のひとつではないかと私は思います。

言葉よりも行動が大切

「お客様が大事だ」と言いながら、実際に顧客の声を聴こうとする経営トップが、どれだけいらっしゃるでしょうか。

例えば、いまやどこの企業にも「お客様相談センター」に類するものができているでしょう。そこは、クレームをはじめとするユーザーの生の声で、あふれ返っているはずです。しかし、自分でそこから直接どれだけの情報を得ようと、具体的な努力をなさっているでしょうか。

恐らく、そういう部署を設置したことで一安心、対応は百パーセント現場任せにしている経営トップがほとんどだと思います。実際には、任せると言うよりも〝放って〟いるのです。なぜなら、「相談センター」が、盲腸のような存在として位置づけられているからです。「コストはかかるが、作らないわけにはいかない」。たぶん、この程度の認識だろうと思います。これで「お客様第一」を社是社訓に掲げるのは、やはりおかしいと言わざるをえません。

この点でも、北城さんは違いました。「相談センター」に、必ず年に数回、自身で足を運び、担当者から生の話を聴く努力を続けたのです。

顧客満足度調査のフリーコメントなども、それこそ隅から隅まで目を通す。むしろ、事業部長クラスよりも丹念なくらい「読んで」いらっしゃいました。

でも、本当に顧客の声をつかみたければ現場に赴く、アンケートにしっかり目を通す――これは当然の行動なのではないでしょうか。

重要なのは、言葉ではなくて行動。経営トップ層が、どういうことに、具体的にどれだけ、時間を割いているかが判断基準になるのです。顧客指向を徹底するために時間を使っていれば顧客指向の経営、四六時中売り上げに知恵を絞っているならば、それは売り上げ至上主義の経営――。ごく、単純に定式化できます。

日本アイ・ビー・エムは、経営者層が一堂に会して、毎月欠かさず顧客満足をどうしたら向上できるかをテーマにした会議を開き、それが各部門にも広がっていきました。たぶん、他社にはない仕組みでしょう。

素晴らしいことに、この仕組みは北城さんの後任の大歳卓麻社長にもしっかりと引き継がれ、さらに成長を遂げています。大歳さんは、資本参加しているビジネスパートナーのトップにも、お客様満足度向上委員会への参画を求めたのです。パートナーとはいえ、「外部」の人たちです。まさに「度量」がなければ、できないことでしょう。現在、毎回二社程度のトップが加わって討議に参加されています。

北城さんの時代にも、グループ企業のトップにオブザーバーで参加していただいたことが何回か、ありました。

「社長以下これだけのメンバーが揃っている中で、どうしてこんなに本音で語り合えるのか。当社では、とても無理だ」というのが、参加者共通の感想でした。

こんな声もありました。

「日本アイ・ビー・エムでは、トップ層も含め、みんな〝さん〟付けで呼び合うという話は、本当のことだったのですね」

お読みになりながら、やや違和感を覚えた読者の方もいらっしゃったと思います。この本でも私は、北城さん、大歳さんと、歴代の経営トップを「さん付け」でお呼びしています。これが、日本アイ・ビー・エムの社風なのです。

「社長、社長」と肩書きで呼んでいて、そこで本音が語られるかといえば、それはなかなかありえないと思うのです。意志決定において、職位が上位の人間に権限と責任が課せられるのは当然のことですが、コミュニケーションをとるとき、対話を行うときには、あくまでも対等でなすべきであると考えます。

「社風」などと簡単に言いましたが、よく考えてみると、これもトップ層の、部下と対等の立場で話をするために「さん付け」を厭わない〝度量〟と、まず自分たちが相手をそう呼ぶ〝行動力〟のうえに成り立っている「文化」と言えるでしょう。こんな状況ですから、日本アイ・ビー・エムでは役員になった人間が「～取締役」などと呼ばれるのは、恥ずかしくて仕方がないようです。

「上の方たちが〝さん〟で呼び合っているのだから、〝取締役〟はやめてくれ」

こういう形で、本音のコミュニケーションを図りやすい雰囲気が、醸成されていくのです。

日本アイ・ビー・エムには、毎年一回、一カ月間にわたって中央官庁の課長クラスの方が研修にみえられます。キャリア官僚育成のシステムで、すべての組織をヒアリングして回るのです。そして最終日、会社も彼らに感想を求めます。

ある年、そのうちの一人の方がこのようなことを言われました。

「ミーティングに参加させていただいたのですが、メンバーの中で誰が偉い人なのか、まったく分かりませんでした」

解説すれば、お互いを肩書きで呼ばない、着席は早い者勝ちでバラバラ、しかも局面においては部下が上司に対して強い口調で発言することだって少なくない組織ですから、〝初心者〟

には序列など皆目、見当がつかなかったというわけです。

そして彼は、「これからの時代、このあり方は大変な強みですね」と、付け加えました。

私も、まったく同じことを感じます。

北城さんが経営目標のひとつに掲げた「自由闊達な会社」が、そこにあるからです。


組織の自由度を高める重要な要因のひとつが「情報公開」です。

先ほど、お客様満足度向上委員会の議事録はすべてイントラネットで公開される、というお話をしました。ただこれも、言うほど簡単ではないのです。一歩間違えば、職場の人間関係などに傷がつき、かえって業務に支障をきたすことだって、考えられるからです。

しかし、日本アイ・ビー・エムでは、これを明らかな個人攻撃が行われたようなときなどを除き、すべて発言者の実名入りでオープンにしています。

例えば、こんな具合です。ある時、製造部門の役員と北城さんの間で、こんなやりとりがありました。

「この問題は、何とかベンダーに解決させます」

「ベンダーにやらせる、という言い方は改めて下さい。ビジネスパートナーの方にお手伝いいただいて、と言い直して下さい」

ウェブページには、「言い直した」表現ではなく、このそれぞれの発言を、そのまま掲載しました。発言した役員の方には申し訳なかったのですが、とても大切な事柄だと考えたからです。

ときには、論議がいまひとつ沈滞したまま終わってしまうこともありました。不幸にもこうした場に招かれたオブザーバーの、「期待していたのですが、大して中身のある内容には感じられませんでした」といった感想も、もちろんカットはしません。編集せずに、そのまま伝える。これは「伝える勇気」がなければ、できないことです。

ここまでオープンにしているからこそ、社員が北城さんという人間を知り、臆せずにその目の前で「今日の討議は面白くありませんでした」などと発言できるのです。結果、真実の情報は、どんどんトップのもとに集まって来ることになります。

椎名さんが種蒔きし、北城さんが花を咲かせた日本アイ・ビー・エムのCSは、遺伝子として大歳さんの代に受け継がれ、さらに大輪の花を咲かせています。お客様満足度向上委員会のオブザーバーコメントを拝見すれば、そのことは一目瞭然。黎明期にその仕事に携わったものとして、これほどの喜びはありません。

理念や思いをどう徹底するか

この章のはじめに、理念を持って経営に当たることの重要性を述べました。しっかりした理念や信念がなければ、リーダーとしては失格です。同時に、どんなに素晴らしい理念であっても、それを組織や現場社員に理解、浸透させることができなければ、宝の持ち腐れに終わってしまうでしょう。

結論から申し上げれば、大多数の企業では理念を徹底できたとは言い難い状態にとどまっているのです。理念どころか、当面こういう方向に向かって力を合わせよう、という基本方針さえもいつのまにか、後ろに追いやられてしまう。

ある経営者の方がおっしゃっていました。

「当社で徹底していることは、ただひとつ。何も徹底されていないということです」

たぶん、どの会社も実態は似たり寄ったりのはずです。

経営者が陥りやすい誤解のひとつは、「俺が毎日、これだけ熱心に語っているのだから、みんな分かっているはずだ」と考えることです。「はず」というのは、推測であり憶測にすぎません。「自分がこれだけ頑張っているのだから……」という希望的観測も含まれているでしょう。

私が、アドバイスする企業経営者に必ず申し上げるのは「自分の言っていることがどのくらい正確に伝わっているのか、そして徹底されているのか、ぜひ第一線の社員たちと話をして、検証してみて下さい」ということです。

大事なのは、何を伝えたかではなく、何が伝わったかなのです。

付け加えて、こうも申し上げます。

「間違っても、自分の部下に『私の意志がどの程度末端まで伝わっているか調査して報告するように』などとおっしゃらないように。そんな報告書に真実が記されることはほとんどないのですから」

こういう私なりの定義を忠実に実行された経営者の方たちは後日、例外なく次のようにおっしゃいます。

「大久保さん。今まで自分の言うことはそれなりに社員に伝わっているものと思っていましたが、まったくそうではないことが分かりました」

こんな〝実験〟をなさった大企業トップの方もいらっしゃいます。ある会議に十五人を招集し、話をした。三時間後に再び彼らを集めて「私が先ほどの会議で、重要課題に指摘したことがらを五つあげて欲しい」と聞いたところ、〝全問正解〟は皆無。五人ぐらいが二つ三つ覚えていて、驚くことに残りの人はまったく何も、記憶にとどめていなかったそうです。

「たった三時間後にもかかわらず、こんな状況でしたよ」

その方は嘆息混じりにこうおっしゃっていましたが、私に言わせれば、それらは当然の結果。現状にがっかりすることでも、びっくりすることでもありません。

問題があるとすれば、こうした現実を不安に思わないことなのです。なぜ思わないかと言えば、多くの場合「こうした現実」に気が付いていないからです。知らないから、「みんな私の言うことを理解して、ついてきてくれている」と胸を張って歩いているだけなのです。まず、事実を事実として認識することが大切なのです。そうすれば、これは、「改善可能領域」として検討の課題になるでしょう。

リーダーシップの発揮具合について、検証の仕組みを持つことが第一歩。

具体的に言えば、自分の出した方針がどこまで正しく伝わっているのか、伝わった結果としてちゃんとその方向に動いているか――という点を客観的に検証する仕組みが必要です。そして、もしその方向に行っていないとしたら、自らのリーダーシップのあり方も含めて、改善の方策を考えていかなければなりません。

「仕組み」と申し上げましたが、現状を把握するのも、方針を徹底するのも、形はどうであれ最後はトップと現場との直接対話しかない、というのが私の結論です。

最近は、企業だけでなく自治体などからもアドバイスの依頼をお受けすることがあります。縁あって、三重県の北川正恭知事が推進されている、行政経営品質向上のお手伝いをさせていただいているのですが、北川知事の姿勢には見習うべきところがたくさんあります。

彼は「これからは地方分権ではなくて、地方主権の時代だ。今までの役所のあり方を根本から変えなければならない」という理念を掲げて県庁に乗り込みました。そして、この理念を部下たちに納得してもらうために北川知事がとった行動は、毎晩のように膝詰めの懇談を開くことでした。

そこで、「失敗を恐れずに、すぐやれ」「ルールは手段であって、目的ではない」「検討ばかりに時間を費やすな」「前例のない事をやれ」――といった行政の場では斬新とも言える持論を述べつつ、相手の意見に耳を傾けているのです。何回か県庁にお邪魔させていただきましたが、県庁職員の方々から「知事のエネルギーは、本当にすごい」という感想を、何度も聞かされました。

知事就任後、座談による職員との対話は千回をゆうに超えるそうです。知事の仕事の多さ、過密なスケジュールは想像を超えます。その多忙な人がここまで実践されているのです。「役所の体質改善が私の仕事」と位置付け、信じられないほどの熱意で、職員の意識を変えつつあります。

職員がどうせできないと思っていることを、次々に具現化しています。

名刺ひとつとっても、名刺は民間が持ってくるものであり、自分たちが出すものではないと信じていたことを、自治省の反対を押し切って名刺を予算化して、一人ひとりに持たせるようにしたそうです。――今ではどこの自治体でも当たり前になりましたが。

かつては知事と部長と課長が同席する会議では、課長は知事に直接話してはいけなかったそうです。うっかり発言しようものなら、「メモを書いて部長に渡しなさい」と言われたそうです。

今の三重県庁はまったく異なります。北川知事自身が、若い人たちの輪に自ら入ってきますので、若い人でも極めて自由に知事と話ができるそうです。

「北川知事になって数年、庁内は自由に本音で発言できる雰囲気になってきました。他府県からの出向の方は羨ましがっています。今は三重県庁の職員であることに誇りを持っています」と言われるほどです。

またある時、自治体関係者の集まりの席である問題が提起されたとき、他府県の関係者の「それは手続き上できないことになっている」との発言に対し「できないではなく、どうしたらできるかを考えるのが私たちの仕事のはず」と応えたそうです。

考え方を根底から変えています。基本の風土を変えています。

それも一番難しいと言われる役所の世界で！

民間企業とは組織の性格が異なりますが、自らの理念をどう徹底するのかという方法論についてよく理解し、何よりも実践なさっている数少ないリーダーだと思います。


リーダーは、理念を徹底することに関して労を惜しんでいては駄目です。

「ちゃんと言ったから」「メールを送ったから」「掲示板に出したから」――。

これでは、何も伝わらないのです。もし、メールを送るのだったら、自らの思いを連綿と綴ったものを毎週、全社員に出したらいかがでしょうか？　最低限、そのくらい情熱を傾け、労を貢がなければ、理念の徹底など永遠に不可能だと思います。

ここまで述べてきて改めて思うのですが、やはりリーダーの情熱の源泉は、「思い」の強さであり「理念」の〝濃さ〟なのです。これが希薄であっては、エンジンはなかなか動かないのではないでしょうか。そしてまた、その思いはあくまでも高邁で正しいものであって欲しい、とも感じます。

北川さんについて言えば、彼を衝き動かしているのは「県の行政は県民のためにあるのであって、行政のために県民がいるのではない。県民のために行政の品質を高めよう」という、改革への情熱です。

「唱和」するのではなく、意味を考えよう

経営理念の徹底、この点でも抜きん出ているのが、先ほどお話ししたザ・リッツ・カールトン大阪です。

このホテルは、世界共通の経営理念、行動指針に当たるものを、全二十項目の「ベーシック」として明文化しています。

例えば「お客様をお名前でお呼びします」。私も一回泊まったことがあるのですが、一泊にもかかわらず、すぐに名前を覚えられ、「大久保さま」と呼ばれました。

やはり前出の、檜垣真理子さんのお話なのですが、ザ・リッツ・カールトン大阪のオープンに当たって来日した当時ＣＥＯのホルスト・シュルツイ氏は、日本のスタッフに対して、一人でこのベーシックの意味するものを、説いたそうです。ベーシックの教育だけは、他人には絶対に任せていないそうです。全従業員に対して、リッツ・カールトンの「思い」を、自ら語ったのです。

何でもないことのように思われるかもしれませんが、日本の企業で、新入社員に対して直接、経営理念の重要性を教育し徹底されている経営トップが、どれだけいらっしゃるでしょうか。よくて、「これが当社の社是社訓である」と印刷物を配って終わりでしょう。なぜそうなるかといえば、経営理念など何の役にも立たないと、当の本人が思っているからなのです。

リッツ・カールトンの場合は、明らかに違います。

大変、面白い話があります。日本にザ・リッツ・カールトン大阪をつくろうと思ったホルスト・シュルツイ氏は、事前に国内の有名ホテルを泊まり歩きました。その感想は、次のようなものだったそうです。

「クオリティは最高だ。設備もサービスにも、まったく落ち度がない。ただひとつ気になったのは、従業員がそんなに楽しそうではないことですね」

さすが、としか言いようがありません。

ホテルというところは、疲れをいやし、くつろぐために来る場所です。そこで働く人たちが、てきぱきと対応はするけれどもどこか事務的なだけだったら、心底くつろぐことができるでしょうか。みんな生き生きと、この仕事が楽しくて仕方ないという顔をしていたら、どうでしょう。「もう一度来たいなあ」という気持ちになるのではないでしょうか。

ザ・リッツ・カールトン大阪が、実際にそのような形で支持されていることは、すでに述べた通りです。そして、それを可能にしたのが「お客様に最高の満足を提供する」ために明文化された「ベーシック」の、すべての従業員への徹底にほかならないのです。

どのように徹底を図っているかについての檜垣さんの言葉は、大変教訓に富んだものでした。

「私たちは、毎朝ベーシックを唱和したりすることはしません。代わりに『この五番について、あなたはどう考えますか？　これに基づいて、今日何をやりますか？』と問いかけ、みんなに主体的に考えてもらっているのです」

ちなみに、リッツ・カールトンでは全世界の拠点で「今日は五番」というふうに、その日のテーマを共通に定めています。それぞれの拠点、それぞれの職場で、「ベーシックの五番に基づいて、今日はこれを実現しよう」というミーティングが持たれてから、仕事が始まるのです。

ただ、声を合わせてスローガンを叫んでいるだけでは、その中身はなかなか浸透しないと思います。それは、ともすれば強制に近いわけですから。

自分の頭で考え、意見を発表することによって、はじめて〝自らの行動〟になるのではないでしょうか。理念を徹底し、深めていくのに、これは極めて大切なことだと思います。

企業の目的は理念の具現化である

この章の最後に、くどいようですがもう一度、経営理念の重要性について述べておきたいと思います。

ある大企業で、中間幹部層の研修を引き受けたことがあります。この会社の経営理念は、実はとりわけ優れたものでした。私のように、経営理念を重視すべし、かつその中身は高邁なものであるべし、と考える者からみると、まさに理想的と言っていい内容だったのです。

あらかた話を終えてから、私は「ここに、いまお話ししてきたような内容を盛り込んだ、最高の経営理念があります。ほかならぬ、みなさんの会社のものです。読んでみて下さい」と申し上げて、参加者にコピーをお配りしました。

読後の感想は、「私の会社の経営理念がこんなに素晴らしいものだとは、思いませんでした」というものが大半を占めました。

私がコピーしたのは、リクルート用に作られた「会社案内」の、最初の見開きページ。対外的には、〝会社の目指す道〟としてアピールされている内容です。でも、ほとんど誰も覚えてはいない。「考えてみると、誰からも経営理念についての説明を受けたことはありませんでした」という状況ですから、当然です。

自分の会社の理念がいかに素晴らしいものかを理解していただいた後、さらにこう問いかけてみました。

「ところでみなさん。この理念、行動指針に照らしたとき、あなたの昨日の行動はどう評価できるでしょうか？　理念に恥じない仕事をなさっていらっしゃいますか？」

多くの方が、下を向いて、考え込んでしまいました。

「理念はお飾りではないのです。使わなければ、どんなに素晴らしい内容が書かれていても、意味がないのです。物差し、判断基準として活用なさるべきだと思います」

私は、このように付け加えさせていただきました。


企業が何のために存在するのか、それは顧客に価値を提供するためです。そしてその大本にあるのは、自分たち企業の基本理念の具現化にほかならないのです。多くの場合、この一番大切なものが忘れ去られて、ただ儲けるということが〝理念〟に置き換わってしまっているのではないでしょうか。

雪印にしろ、三菱自動車にしろ、高邁な経営理念を掲げています。しかし、その理念を忘れ、企業活動の本質から大きく逸脱したところに、あの不祥事の根元的な原因があると私は思っています。経営者がそのことに気付き、それを正す勇気を持ち合わせていたならば、あんなことにはならなかったはずなのです。

繰り返します。こういう変化の時代だからこそ、企業活動本来の目的を見失うことなく、愚直に経営理念を具現化するリーダーが求められているのです。経営のトップであるならば、自らの企業の理念を、情熱を持って語って欲しいと思います。

第二章まとめ

高邁なる経営理念を持ち、
その理念を従業員に徹底している企業は強い。

いろいろな考えの人が集まっている、
その組織をひとつにまとめるものは、たったひとつ、
経営理念である。

志である。
世の中に、どのように役立つ存在になるかということである。

経営理念や行動指針は、従業員全員の判断の軸である。
何か事が起きたとき、選択に迷うとき、
この軸をもって判断を下すことだ。

多くの企業の不祥事は、みな経営理念から外れた結果だ。
一番大切なものを失った姿だ。
志のない人間に魅力はないのと同様、
経営理念を失った企業も魅力はない。

大切にすべきものを大切にすること、
守るべきものをしっかりと守ること、
これが人と企業の真の価値を高める基本だ。

第三章　顧客へ価値を生み出すための、仕組みの改革

今やっていることは、お客様に価値を生み出すことにつながっているか？
自分の組織は、お客様に価値を生み出しているか？
価値を生み出していないことは、すべてやめることだ。
お客様の視点で、すべての業務・プロセスを見直すことだ。

何のためのリエンジか

十年以上前、日本でリエンジニアリングがブームになったことがあります。米国のＭ・ハマー氏とＪ・チャンピー氏の手による『リエンジニアリング』という著作が火を付けました。〝リエンジ〟は、瞬く間に変革のスローガンとして受け入れられ、経営者なら誰もが口にするようになりました。ちなみにこの本は、本家の米国を凌ぐ売れ行きを記録したそうです。

経営者、ビジネスマン向けの各種のセミナーは「リエンジ」をうたえば満員の盛況。タイトルに「リエンジ」を冠した経営書が氾濫したのを、みなさん覚えていらっしゃるはずです。

この本でメッセージされていたことは、「ともかく、抜本的にやり方を変える必要がある」という内容でした。ほとんどの人がその考えに共感を覚えて「変えること」の重要性を認識し、何とか「変えたい」と考えたのは、事実でしょう。

しかし、冒頭で表現したように、このリエンジは「ブーム」で終わってしまいました。十年たって総括してみると、この時期にリエンジの考え方を勉強して、変革が実行できた企業は、皆無に等しいと言わざるをえないのです。

なぜ、そのようなことになってしまったのでしょうか？

私は、結局のところ「何のためにリエンジが必要なのか」という、目的の軸が不鮮明だったのがひとつの大きな要因であると思います。「抜本的にやり方を変えろ」という〝総論〟は理解できても、個別の現場で「何をどう変えたらいいのか」が最後まで分からずじまいだったのです。

日本人は、様々な経営手法が好きです。そしてそれらの手法を勉強するのが、大好きなのです。

しかし、いくら手法や考え方を学んでも、それだけで物事を変革することは決してできません。その前に、やるべきことがあるのです。

前章でも申し上げましたが、「やるべきこと」とは、元々の自社の経営理念、事業の展開によって何を目指すのかといった点を明確にし、再認識することが基本です。

私は、この本の中で、「顧客に価値を提供することこそが企業活動の本来の目的である」と繰り返し申し上げてきました。この「顧客指向」という切り口でリエンジニアリングを考えてみましょう。

顧客指向を実践するのであれば、企業の「仕組み」というものは、お客様に価値を提供するための、一連のプロセスにほかなりません。リエンジは、この仕組みを見直すということになります。つまり、顧客に対して、より高い価値を、より短時間に供給できるように経営、組織のあり方を変える、という発想になるのです。

このようにとらえれば、リエンジの課題が、かなり明確になってくるのではないでしょうか。裏を返せば、当時騒がれたリエンジに、こうした視点はまったくありませんでした。顧客や市場を基本に据えたものではなく、企業側の都合や見方を優先した〝プロダクトアウト〟のリエンジニアリングだった気がしてなりません。そんな「手法」が実際には何の役にも立たず、やがて忘れ去られていったのは当然のことだと思います。

組織とか仕組みというものは、ある意味「方便」に過ぎません。企業にとっての組織は、価値を市場やお客様に対して生み出すための方便なのです。ですから、経営の仕組みとして理想的なのは、「市場がこうしたものを求めている、それを実現するためにはどのような技術や設備が必要なのだ、どういう人間を揃えればいいのだ、そしてそのためには、どのような組織が必要なのだ」という視点です。これが、顧客指向に立脚した仕組み作りにつながっていくのです。

「私たちにはこれだけの技術があり、設備があり、人がいる。これらをもっと活用できないか」

「営々と築き上げた販路がある。これを生かして別の事業に進出できないのか」

あえて言わせていただけば、これらもプロダクトアウトの発想なのです。現在ある「資本」をどう活用するかという考え方は、確かに必要だとは思います。それらの考え方を全否定するものではありません。しかし、あくまでもその原点には市場や顧客がなくてはなりません。「市場が要求していることに対して、自分たちの技術なり設備なりを活用していこう」というスタンスが基本であって、「持っているものを活用して、何とか利益を増やそう」だけでは、顧客視点に立脚したビジネスを構築することが難しいのです。

「主権者は消費者に変わった」。第一章で申し上げたことを、再度考えていただきたいと思います。

美しい資料にはウソがある?

日本アイ・ビー・エム時代、私は九二年にそれまでの名古屋支社から本社勤務になりました。業務改革推進本部という部門です。

入社以来、いわゆる現場、第一線しか経験のなかった私にとって、本社というのは驚きに満ちた場所でした。たとえば、いろいろ本社部門を見て回ると、どこでもたくさんの人たちが夜遅くまで、机にかじりついていています。何をしているのかというと、みんな、「資料作り」に励んでいる。その資料たるや、大変カラフルで美しく、かつ分厚いものです。

それらをめくりながら私が抱いた率直な疑問です。

「この資料はお客様に対して、何か価値を生み出しているのだろうか？」

残念ながら、それは「ノー」でした。

多くの方が一生懸命、時間を惜しんで作業をなさっています。その懸命さは事実なのですが、そこには「何のために」「誰のために」資料を作るのか、という基本が抜け落ちていたのです。現場しか経験のない私にとっては、いくら素晴らしいできばえであっても、そんな資料は無駄のカタマリにしか、見えませんでした。なぜなら、何のために資料を作成するのかといえば、それは多くの場合、自分の組織や上司を守るためだったように思えたからです。少なくとも顧客のために、という視点は、そこには微塵も感じられませんでした。

そして、私はこれらの資料群についてある〝定理〟を発見するに至りました。すなわち、資料の美しさと、そこに含まれる「ウソ」には相関関係があったのです。「資料が美しく仕上がっていればいるほどウソが多い、厚ければ厚いほどその中には真実でないことがたくさん書かれている」のです。

こうしたことがはっきりしてきたので、業務改革担当としての私は、口癖のように次のようなことを言い続けることになりました。

「ところで、この資料は何のために作っていらっしゃるのですか？　誰に、どんな価値を提供できるのですか？」

結論としては大半の場合、「その資料を作るのは、やめたらいかがでしょうか」ということになるのです。実際問題、資料作りをやめたとしても、そのことによってお客様が困るということは、まったくなかったのです。何のことはない、「困る」のは資料作りに励んだ当の本人だけ、まわりは誰も何の影響も受けない、というようなケースさえ、ありました。

「資料作り」を例にお話ししてきましたが、やはり大切なのは普段やっている仕事が、誰に対してどんな価値を生んでいるのか、はっきりさせていくことではないかと思います。「誰に」を追求していったその先に、ちゃんと「お客様」がいるのかどうかが、その仕事が価値を生んでいるか否かの判断基準になるのです。

ちなみに、こうした「美しい資料」作りは、世に一流と言われる企業ほど、幅を利かせているように思われます。

私自身、本社に異動してすぐの頃です。先輩に当たる方に「きれいな資料を作るのは、やめたらいかがですか」と進言したところ、「心配するな。君もあと半年もすれば、立派な資料が作れるようになるよ」と言われ、啞然とした経験があります。こうした「無駄な」作業に時間やエネルギーを費やすことに、多くの企業は何の疑問も抱いていないのが現実なのです。

決して「美しい資料」ではなかったのですが、私も社長向けのCSに関する現状報告書を作成していました。でも、これも顧客に価値を生むようなシロモノではありませんでした。

作るのをやめようと決断して、当時社長だった北城さんに話をしたときの状況は、いまでも鮮明に覚えています。

「北城さん、あの毎月の報告書を作成するのは、もうやめようと思います」

「なぜだね？」

「失礼な言い方かもしれませんが、私たちの仕事はお客様に満足していただくことであって、社長の満足のためではありません。時間をかけてあの報告書を作っても、お客様の満足を向上させることには、つながりません」

「言われてみれば、そうですね。でも、何もないと、どんな状況になっているのか分かりませんよ」

「北城さん、報告書なんて、所詮ウソが含まれるものなのです。ご自分で現場をご覧になって、真実を把握されたらよいと思います。お分かりにならなかったら、いま以上に現場に行って、確かめて下さい」

「分かりました。報告書は作らなくていいですよ」

このようなやりとりで、私は上司への報告書をゼロにしました。

北城さんの度量の深さには、今更ながら頭の下がる思いです。

組織の壁＝顧客無視のレベル

企業の中には、内部に様々な組織があります。言うまでもなく、それぞれがそれぞれの役割を担うことで、企業活動が成り立っているわけですが、この組織間の壁が高いほど「顧客無視」の経営に陥っていることを指摘しておかなければなりません。

そのことがはっきり分かるのは、顧客からクレームや要望が寄せられたときの対応です。「その点につきましては、私どもの担当ではございません。○○部署におかけ直し下さい」例えばこうした対応は、どこの企業でも普通のことなのではないでしょうか。しかし、顧客の側から見れば、これは「苦情のたらい回し」以外の、何ものでもありません。

企業がお客様に対して価値を生み出す、すなわち満足を供給することを目的としたものであるならば、肝心のお客様が満足していないことが分かったときに、どういう対処の仕方を考えるべきでしょうか。誰が接点であろうとも、所属の部署に関係なく、いち早くお客様に満足していただけるように応対するというのが、その企業に属する人間すべての責務である。私は、そのように考えます。

人間とは、不思議なものです。ある組織に所属すると、その瞬間からその組織の立場からしか物事が見えなくなる。判断の基軸がすべて「所属組織に有利なように」という視点になってしまうのです。そしてそうなったとき、「お客様のために」という本来最も大切なはずの観点は、どこかに置き忘れられてしまいます。

お客様からの要望で「やっかい」なのは、その内容が複数の部署にまたがっている場合、あるいは組織と組織の間にその要求が落ちてしまう場合です。こうしたケースでは、どちらも結果はほとんど同じ。「どこも、誰も、何もやらない」というところに、落ち着くのです。

これは、組織の立場からしか物事を見ることができなくなっている、典型的な事例といえるでしょう。組織の論理からするならば、「ここにストンと落ちてこなければ自分たちとは無関係」という発想になるのは当然なのです。

しかし、顧客第一の視点に立脚するならば、この理屈は到底、受け入れられるものではありません。話が逆さまです。もし、要望がいくつかの組織にまたがるものだったならば、該当する部署が協力して、一刻も早い解決のために努力する——これが本来あるべき姿なのです。

多くの場合、そうはならないところにも、「顧客第二」というスローガンがかけ声だけで終わっている実態が現れているように感じます。組織間の壁は時として別会社との仕切りよりも高くそびえ、当の組織を硬直化させているのです。


こうなると、時と場合によっては企業の側がこうした壁を意識的に壊すことも必要になってくるでしょう。これをやったのが、九七年の「日本経営品質賞」（社会経済生産性本部）受賞企業、アサヒビールです。

いまでこそキリンビールとトップシェアを争うアサヒですが、かつて「夕日ビール」と揶揄されたように、一時は企業の存在自体が危ぶまれるような事態に陥ったこともありました。住友銀行から招かれた樋口廣太郎氏のリーダーシップのもと、見事に立ち直っていくわけですが、氏の素晴らしいところは、まず自社の商品を販売してくれている販売店に自ら赴き、直接声を聴いたことです。たくさんの店に足繁く通い、販売店の要望、消費者の動向に耳を傾けたのです。

就任したての頃、ライバルであるキリンビールやサッポロビールに出掛けて、「美味しいビールを作るために必要なのは何ですか?」と教えを請うたのは、樋口さんの行動力を物語るエピソードです。「僕はビールに関しては素人で、何も分からないから」と、頭を下げた。

当時のアサヒは大変、弱い存在だったからでしょうか、困惑しながらも競合メーカーのトップは「樋口さん、一番大事なのは素材ですよ」、もう一方のトップも「旨さの秘訣は鮮度にあります」と、〝企業秘密〟を明かしてくれたそうです。これを聞いた樋口さんは、「素材を吟味した、鮮度の高いビールを届けられれば、お客様に美味しいビールを飲んでいただける」ことに確信を持った。

そこでスタートさせたのが「フレッシュ・マネジメント」というプロジェクトです。店頭に並んだ日付の古い商品は引き取って、どんどん新しいものと入れ替える。同時に工場から販売店に届くまでの時間をどのようにして短縮できるのかを研究し、実行に移していったのです。

このプロジェクトは、まさに企業内組織の壁を崩したところから生まれました。スタッフは、営業、生産、物流、商品開発……主だったセクションの人間が組織横断的に集まって構成され、推進されたのです。考えてみれば、ある商品が開発され、製造工程を経て販売されるまでには、いろいろな組織の人々が関与することになります。こうしたプロセスを追ってみれば、重要なのは縦割りではなくて、横の流れであることが一目瞭然です。

お客様にいかに早く商品を届けるか、という課題に照らせば、どれだけ横の動きをスムーズにできるのかがポイントになるのです。ですから、本当にその課題を実現しようとしたら、関連するすべての組織の人間が集まって知恵を出し合うことは、最も理にかなったやり方と言えます。

ご承知のように、アサヒビールのこのプロジェクトは大成功を収め、「スーパードライ」のヒットに大きく貢献しました。ただ、忘れてはならないことがあります。

成功の最大のカギは、〝組織横断的な組織〟を作っただけではなく、プロジェクトの中核が「お客様に満足をお届けしよう」という理念で貫かれていたところにあった、ということです。

いくら形のうえでいろんな組織の人が集まったとしても、それだけでうまく行くほど単純なものではないのです。集まったメンバーがそれぞれの〝組織代表〟で、お互いに「自分の組織に迷惑がかからないように」「責任を負わされることのないように」と課題を押し付け合っている、言い換えれば組織を守るためのプロジェクトだって、ゴマンとあるのですから。

無責任の仕組み＝常務会、稟議システム

「稟議システムは、ユニークなアイデアを潰す」。このようにおっしゃった方がいます。私も

まったく、同感です。

いろいろなところの了解を得ているうちに、だんだん〝角〟が取れていく。結局、ありきたりの、無難な、つまらないものに「磨かれて」しまうのです。みんなが納得できるアイデアと言えば聞こえはいいのですが、これは特徴のない考え方と言い換えることもできます。

ただ、はじめからまったく、無意味なものだったわけではありません。かつて、二ケタ成長を謳歌していた時代には、このシステムには多くのメリットがありました。

たくさんの部門を経由する稟議によって、ひとつの考えが「練られて」いく。また、その過程ですべての関連部署の人間が目を通し、判子を押すわけですから、「思い」がまとまりやすい。稟議が通った場合には「みんなこの方向で行こう」と、目指すものに向かって事を進めるのが容易だったというプラスの面があったのは事実でしょう。常務会にしても、複数のいろいろな立場の人間が集まった場で、方針を決定していこうというのは、必ずしも無駄ではなかったと言えると思います。一人で下した判断は、ともすれば偏っていたり、間違いを含んでいたりする可能性が否定できません。

しかし、時代は変わりました。

主権者が市場や消費者に完全に移り、何事にもスピードが要求される現在、果たしてそうした従来のシステムがうまく機能するのでしょうか。

結論を申し上げれば、稟議システムにしろ、常務会にしろ、すでに歴史的使命は今や終えてしまったのです。これからはそうしたものに頼るのはやめるべきであると、私は思います。

ここまで言うのは、従来の仕組みが余計な時間を食ってスピードの時代にそぐわない、ということのほかに、もうひとつ理由があるからです。

「みんなで決めた」というお題目が、責任の所在を曖昧にする免罪符の役割を果たすということです。

常務会や稟議システムというものは、ある意味、日本が精緻に作り上げた「無責任の仕組み」と言えるでしょう。「全員に責任がある」というのは、「全員無責任である」というのと、表裏一体なのです。結果的にうまく行かなくても、それは稟議にサインしたみんなの責任。なぜそうなったのかの検証も曖昧になって、〝病根〟が残ったまま、また同じ過ちを繰り返すことになりかねないのです。

稟議書を回し、常務会をパスするというのは、大変な作業です。時間だけでなく使われるエネルギーも相当なもの。だから、稟議書が通った時点で、「ああ、自分の仕事は終わった」――こんな錯覚にさえ、陥ってしまうのです。実はそこから、決定内容を具体化しお客様に価値を提供するという本当の仕事が始まるというのに、です。

何度も言うようですが、かつての、モノを出せば売れた時代は、それでもよかった。けれども、これからの時代に要求される意志決定のシステムは、これとは対極に置かれるものにならざるをえないと思います。

極めて乱暴な言い方をすれば「誰かが即断即決し、万が一失敗したら、その人間が潔く、しかるべき責任をとる」ようなやり方が、必要とされているのです。このくらいの姿勢で方針に対する意志決定をしていかなかったら、どんどん取り残される。稟議などに時間を費やしているうちに、市場の流れは変わってしまうのです。経営者のみなさんには、こうした危機感を、是非とも持って欲しいものです。

ある大手企業の経営者の方とお話ししたときのことです。私が「A社では、稟議を通すのに全体の九割のエネルギーを使い、残りの一割で実践しているような状況です。せめて五分五分、できれば稟議システムなど廃止して、実践に限りなく多くのエネルギーが割けるようにすべきだと提案しているのです」と申し上げたのに対して、その方は次のように述べられました。

「大久保さん。稟議に九割というのは、私から見れば素晴らしい。当社では九割九分、稟議を通すことの方にエネルギーを消費しているような気がします」

これを聞いて、私は大変驚くと同時に、感心もいたしました。なぜなら、実践にたった一パーセントのエネルギーしか傾けていないのに、それなりの「業績」を上げられているのですから。

価値を生み出す時間を二倍、三倍（全体の二、三パーセント）にするのは、いともたやすいことになります。

「創造的な実践活動のウエートを少しでも高められれば、どんなに素晴らしい会社になるだろうか」

これが私の感想でした。

ともあれ、こんな状況は一日も早く「ジョーク」にしなければなりません。

柔軟な組織でスピード対応

第二章で、「管理者はいらない、リーダーが欲しい」という、GEのジャック・ウェルチ氏、米国IBMのルー・ガースナー氏の言葉を紹介しました。ともに沈みかけていた巨艦を立ち直らせたリーダーです。彼らは、こうも言っています。

「スピードこそがカギなのだ」

「集めた情報を分析し、検討を重ねることに時間をかけるより、速やかに実行に移す方が、はるかによい結果をもたらす」

ルー・ガースナー氏の口癖は「検討はもういい。今すぐに実践しろ」だったそうです。

彼は、IBMのCEOに就任するとすぐに、世界中の拠点に出向いて、組織や事業の責任者の話を聞いて回ったそうです。そこで彼が出会ったのは、素晴らしい計画書の山。その中身も、大変充実したものだったそうです。ただひとつ、業績という「結果」だけが落ち続けていた。

なぜか？　彼は当時の状況を、こう振り返っています。

「不振の原因は、私の目には明らかだった。誰も計画を実践しようとしていなかったからなのだ」

また、次のようにも述べています。

「当時の私にとって最大の敵は、この会社に染みついた官僚主義であった。すべての権限が集中しているように見えるＣＥＯをもってしても、一人でこれを突き崩すのは到底、不可能に思えた」

そこで彼は、部下や従業員に向かって「一人ひとりが官僚主義と闘って欲しい」とメッセージしたわけです。彼はこのことを就任以来言い続け、そしてＩＢＭの体質を変えることに成功したのです。

官僚主義というものは、それ自体が生産的な何かを生み出す仕組みでは、ありません。あくまでも管理を目的としたシステムですから、それが行き過ぎると、前向きに仕事をする人の足を引っ張る方向にパワーが発揮されることも起こります。事実、これが企業や組織から活力を奪っている例は、枚挙にいとまがありません。何階層にも分かれた重構造の組織、それをがっちりと固める官僚主義という仕組み――ここからは顧客指向の発想や行動は生まれにくいのです。

一方で、先ほどのアサヒビールの例もそうですが、あるテーマについてのプロジェクトチームを作り、課題を達成したら解散してまた新たに必要なチームを組む——といった、柔軟な仕組みを導入する企業が近年、増えています。いわゆる、ダイナミック・チーム・オペレーションというスタイルです。これは現在のような市場環境に対応する、究極の仕組みと言えるかもしれません。

ただし、この仕組みが円滑に機能し、その実力をいかんなく発揮するためには、各チームの責任者にしっかりしたリーダーシップが備わっていることが必要になります。第二章で述べた、「随所に主となれ」です。

この点では、「リーダーを育成する仕組み」がポイントになるのですが、正直申し上げて日本企業ではまったく不十分なレベルにとどまっていると言わざるをえません。

そもそも日本の多くの企業では、若いうちに経営方針に関わるような物事に対して判断させる、すなわち意志決定の機会を与えるということは、ほとんどないのが普通です。意志決定のやり方にしても、とにかく「みんなで決めよう」というのが、文化といえるくらい定着したスタイルになっています。ですから、自らが主体的に判断を下す訓練が、できにくいのです。

日本の企業にも優れた経営者は、たくさんいらっしゃいます。しかし、例えば自らの会社を離れて、経営不振に陥った企業にポンと放り込まれても、そこの経営を活性化し立て直せるような、いわば「経営のプロ」と呼べる人材が、どれほどいらっしゃるでしょうか。頭に浮かぶのは、ごく限られた方たちに過ぎません。仕事の中で意志決定をさせてきていない、つまり経営のプロを育てていない――これが日本の仕組みだったわけですから、こうなるのは当然のことと言えるかもしれません。

「みんなで決める」ことがすべて悪いというのではありません。けれども時が移り、瞬間瞬間の意志決定が要求される環境になっているいま、「全員集めて合議のうえで判断を下す」というやり方は、明らかに時代遅れです。風向きや潮の流れが刻一刻と変化しているのですから、そんなことをしていたら取り残されてしまうのです。

たとえて言えば、豪華客船や戦艦ではなくてヨットを操るような経営感覚。いま求められているのは、まさにこれだと思います。

大きな船の場合、変化が生じたときの意志決定は、こんな感じでしょう。


「船長、風向きが変わったようです」

「よし、幹部を全員集めろ。どっちに向かうか、会議を行う」


「潮の流れも、今までとは逆になっているようだ」

「本当か？　私には変わったようには見えないが」

「情報が足りないじゃないか。第一線にもっと確かな情報を集めさせろ」

「これが最新の資料です」
「何だ、さっきのデータと違うではないか。どちらが真実なのだ？」

こうして最終判断を下した時には、風はまた違う方向に、吹いているかもしれないのです。これに対して、たとえ少々情報が不足していたとしても、瞬時の判断、反射神経で帆の向きを変えて進んでいくのがヨット的経営です。危なっかしいように見えても、変化の時代を航海するには、こちらが正解。このことを、深く認識すべきであろうと思います。

「事前説明がない」から反対？

「おい課長。いま役員会で、例の企画案を説明したのだが、○○取締役がどうしても首を縦に振らなかったぞ。根回しはどうなっているんだ」
「申し訳ありません。あの方だけ事前にご説明する時間が、どうしても取れなかったのです」
「何だ、しょうがないな。反対するわけだ。改めて話をしておきなさい」

あなたの会社では、このような会話が日常的に行われてはいませんか？　何の疑問も、持たれずに。

提案される企画の中身ではなく、会議の前に自分に説明があったかなかったかで、賛成・反対の意志表示をする。これは大変愚かな仕組みであり、振る舞いであると思います。

もちろん、根回しをする側が「何とかこの企画を通したい」という思いで、キーとなる人に事前に話をする行為そのものは、間違っているとは思いません。

しかし、される側が「俺に話がないではないか」という理由でそれに反対するということになると、話は別でしょう。実際そうだったのかどうかは別にして、「俺は軽く見られた（だから根回しがなかった）」というような、個人的な感情、メンツをもとに判断した自分を心から恥じるべきではないでしょうか。

これからの時代の上級管理者は、どのような課題であっても、自らに判断を突きつけられた時には、瞬時にイエス・ノーのジャッジを下す能力が要求されているのです。ましてや、「事前説明」の有無それ自体を判断の基準にするような発想をしている人間には、これからの時代、経営者層にとどまる資格はありません。即刻、辞表を提出すべきだと思います。

GEを立て直した手法のひとつに「ワークアウト」があります。

簡単に説明すると、二泊三日ぐらいの日程で、社内の様々な人間がひとつところに集められ、ある、与えられたテーマ（問題）について徹底的な議論を行い、具体的なアクション・プラン（行動計画）を作るというものです。最終日には、それらのプランを発表するのですが、その場には課題に関連する当該事業部の責任者が、出席を求められます。

実は、この場にこそ「ワークアウト」という仕組みの真骨頂があるのです。提示されるアクション・プランは複数のアイデアから構成されているのですが、例えば十項目なら十項目について、提案されたマネジメントは、その場で「このプランは採用に値する」「これはダメだ」という判断を下さなければならないのです。もちろん事前に、どんなアイデアが出てくるのか、それぞれの項目にどんなプラス・マイナスがあるのかといった説明など、いっさいありません。提案を受けたら瞬時に、自らの判断でイエスかノーかを、意志決定していくのです。

いきなりこのレベルまで行くのは、難しいかもしれません。しかし、日本の経営者も、例えば突然役員会議に提案されたテーマについてその場で可否が判断できる能力を身につけるべきではないでしょうか。部下の提案に、即座に答えられる上司であるべきではないでしょうか。そのために最も必要になるのは、会社の経営理念をよく理解し、常日頃から情報を収集し、それらに照らした自らの「判断の軸」を、しっかりとさせておくことではないかと、私は思います。

価値を生まない会議はやめよ

会議のない組織は、ありません。企業も当然、その例外ではないのですが、「意味のない会議」の弊害が言われている割には、その回数や時間は減っていないように思われます。もう一度、一つひとつの会議について、その意義を検討してみることをお勧めします。

そもそも、みんなが「会」して、真剣かつ生産的な論「議」を行っている、本来の意味での会議が、世の中にどれくらいあるのでしょうか。

「定例のミーティングは、各分野の生きた最新情報を入手するのに不可欠の場です。決して無駄な会議ではありません」

ここに大きな誤解があるように思います。情報伝達を目的とした集まりは、私に言わせれば会議ではないのです。あくまでも「情報伝達会」に過ぎません。

かつ、情報伝達だけを考えるのならば、グループウェアやEメールを使った方が明らかに速く、そして精度もはるかに高いと思われます。「伝言ゲーム」ではありませんが、情報は人づてに伝わっていくうちに、だんだん姿を変えてしまうものなのです。今の時代、コンピュータ・ネットワークを使わない手は、ありません。

「会議」はまた、しばしば主催者の〝満足〟のために開かれます。「私は、大切なことをみんなに話した」というわけです。しかし、「話された」方の頭にそれが残っている保証は、まったくないのです。

さらに甚だしい場合は、このようになります。

「例の定例会議が三日後なのだが、何かよいテーマはないかね？」

何のことはない、「会議」のテーマを探すことに、時間とエネルギーを費やす羽目になるのです。決して笑い事ではすまされない、実態があるのではないでしょうか。

いろいろ例をあげましたが、結論を申し上げれば、「この手の会議もどきは、やめたらいかがですか」ということになります。この章のテーマである「顧客に価値を提供するための、仕組みの改革」という視点からみるならば、これが最も手がつけやすくて、効果が上がる方策だと言えるかもしれません。

私が様々な企業のご相談を受けて、アドバイスをさせていただいている、そうした経験に基づいて言わせていただくならば、会議は少なくとも、現在の半分以下に減らせるはずです。

いま、この本をお読みになっているすべての方に申し上げたいと思います。

あなたの出席している会議は価値を生み出していますか？
単なる情報伝達、方針確認の場になってはいませんか？
創造的な話し合いが行われているでしょうか？
意志決定の場に、なっているでしょうか？

こうした観点から見直しを行って、明らかに無駄な会議は、この際思い切ってやめてしまうことです。

特に、経営者層の参画する会議は少なければ少ないほどよい。なぜなら、例えばある組織の部門長が役員会で説明を行うような会議においては、その場に資料として配られる紙一枚のために、当該部署の人間が大変な苦労を強いられているケースがほとんどだからです。会議の多い企業、中でも役員会に類するものが頻繁に開かれ、たくさんの資料が配られるような会社は真剣にこのことを検証してみるべきだと思います。現場は役員会向けの情報提供、資料作りに追われ、肝心のお客様に振り向けるべきエネルギーを奪われている――そんな状況に、なってはいないでしょうか。

それでは、どのようにしたら無駄な会議を減らすことができるのでしょうか？　これは、理屈抜きです。

「無駄だと思っている会議は即刻やめる」

このことに尽きるのです。

間違っても、「どのようにしたら会議が減らせるのか」をテーマに、何回も会議を開き検討を重ねるといった愚行は避けなければなりません。

先ほど「リエンジ」について私見を述べさせていただきました。組織を作り変えるためにたっぷり時間をかけて、たくさんの資料を作り、連日連夜の会議を行い……結局何もできなかった企業がほとんどだったわけですが、組織を変革するという「手段」のために時間をかけているること自体が、真っ先にリエンジニアリングの対象とされるべきものだと思うのです。


何よりもまず、行動に移してみることが重要なのです。会議を半分にする、三分の一に減らす、そのことによって不具合が生じる可能性は、否定できないでしょう。しかし、それは問題が起きたときに考えればいいこと。

「やっぱり、これこれの会議は必要だ。復活させよう」

それでよいではありませんか。

まず考えるべきことは、減らすことのメリットです。無駄な会議をなくすことが組織に与える、プラスの側面なのです。

こういうケースで不具合が生じると、必ずこのように言う人が出てきます。

「ろくな検討もしないで、一気に会議を減らしたりするからこんなことになるのだ」

「私には、失敗するのが目に見えていた」

一見、もっともらしいのですが、これは結果論を述べただけ。そんなことなら、誰にでもできるのです。それこそアルバイトの学生にだって、できる。

ただし、こういう人の存在を「取るに足らない」と言って軽視できないのも、また事実なのです。なぜなら、こういう人たちこそ組織の活性化を妨げている張本人である場合が多いからです。意志決定のスピードを鈍らせる、元凶のひとつと、あえて申し上げます。

なかなか経営上の意志決定ができない、実行に移すのに時間がかかる、精緻な計画を作らざるをえない——こうなる理由のひとつが、「結果論で物事を述べる人たち」から、後々責めを受けないため、足元をすくわれたりしないため、というところにあるのは、情けないことではありますが、厳然たる事実なのです。彼らは多くの場合、理路整然、言うことに「説得力」もあるからやっかいです。

ただし、はっきりしているのは、彼らには何一つ事態を前に進めることはできない。すなわち、基本的に新しい何かを生み出せる人間ではないということです。

従来はそれでも生きる術があったかもしれませんが、いまは違います。

とにかく、やってみる。そこで不具合が生じたら、文句を言う前にどうしたらそれが埋められるのか、前向きに考え、建設的な提案を行う。これこそが新しい世紀にふさわしいリーダーのあり方だと思います。

合併は組織変革を実現する最高の機会！

昨今、日本でも大規模な企業合併が次々に実行に移されています。旧財閥グループの垣根を越えた「結婚」は、もう珍しくなくなりました。私は、このタイミングこそ、顧客価値を生み出す仕組みを備えた組織に作り直す、最大のチャンスだと思います。

ところが現実は、なかなか理屈通りに事は運ばないようです。

お互いに、元の会社で採用していた仕組みをどれだけ新会社でも取り入れさせるかに、躍起になっています。この、第三者から見ればまったく不毛にしか映らない「せめぎ合い」に、大変な労力を費やしているのが実態のようなのです。

こんなことをしていれば、妥協の産物として、双方の最も悪い部分を併せ持つ〝新たな〟仕組みができあがってしまうことだって、考えられます。こうなったら、最悪です。

せっかく「効率化」をうたって組織をひとつにしたのに、できたのは前にも増して無駄のカタマリということになります。

合併という道を選択したのは、それぞれに歴史や伝統を持ち市場に独自の地歩を築いている企業でありながら、単独では「生きられなく」なったからではなかったのでしょうか。言い方を換えれば、今までの組織の仕組みでは顧客に対し価値を生み出すのが不十分であったからこそ、様々な問題が起こった。

この際、「お互いの仕組みや考えを持ち寄って」という発想は捨てて、文字通り〝ゼロからのスタート〟を前提になさったらいかがでしょうか。すべてを忘れて、いまの時代に最も適した、顧客視点に基づく経営の仕組み、業務プロセスを構築していくことが、合併の効果を最大限に引き出し、お互いが生まれ変わる唯一の道であるように思います。

大企業同士の合併の場合、例えば各組織のマネジメントの数は、合併比率に即して配置されるのが常です。見事なまでに、ポストは前の会社の規模に従って振り分けられます。こうしたことが、さも当たり前のように考えられていますが、それはあくまでも企業側の都合。やはり「お客様のために」という視点は、置き去りにされているのです。

確かに、合併の当初、便宜的にそのような形にしなければならない事情は、理解できるような気もします。まずお互いの融和を図ることが、その後仕事を進めていくうえで大切なことであるのも、事実だからです。お互い、「どんな人間なのか分からない」ということも、あるでしょう。

しかし、時間がたち、お互いの能力、適性などがはっきりしてきたら、なるべく早いタイミングで、社内事情ではなく、真にお客様の方を向いた組織に作り変えていくことが、生き残りのためにはどうしても、必要になってくると思います。

合併後、いろいろな業務プロセスの構築の過程で、次のようなことを言い始める人が必ず、出てきます。

「新会社では、〇〇の業務については、××の方式をとることになります」

「何だ、それはウチのやり方ではなくて、相手のじゃないか。君は何のためにあの会議に出ているのだ。どうしてわが社のやり方を採用させられないんだ。負けているではないか」

しかし、このようなことを経営の中枢にある方がなされるとしたら、もしかしたら新会社の将来も危ういのではないでしょうか。

あるべきリーダーの姿は、これとは正反対のものだと思います。

「向こう側に攻められて、困っています。このままでは押し切られてしまいそうです。どうしたらよいでしょうか」

「〝向こう〟とか〝こっち〟とかは、もうないのだ。そんな会社は、もうなくなったんだ。そんなことを気にするよりも、お客様に価値を提供するという観点で考えて欲しい。そうすれば何をすべきか、どんな組織にすべきかは、分かるだろう」

企業合併においても、それが将来的によい結果をもたらすか否かは、中核にしっかりとした理念があるのかどうかに左右されると思います。

歴史の長い企業であればあるほど、そこには長い年月の中で培われた「文化」があります。こうした企業同士がいっしょになり、融合を図るというのは口で言うほど簡単なものでは、ありません。

例えば、国境を超えた合従連衡の象徴とも言える、ダイムラー・クライスラー。彼らも当初は、ドイツの文化と米国の文化をひとつにして成功を収めるのだ、と言っていたわけですが、現時点では「それぞれの文化を尊重しよう」というふうに、大転換を余儀なくされています。

ドライな欧米企業でさえ、完全な融合というものは、難しかったのです。

もしそれが可能になるとしたら、やはり、いったんすべてを捨てて、新しい時代にふさわしい新しい経営理念のもと、再出発すること以外にないのです。この理念に基づいて、会社の組織や仕組みを構築していくという姿勢が不可欠だと思います。

現実は、どうでしょうか。

企業合併の発表記者会見では、両社のトップがここに至った経緯や決意を語り、にこやかに握手するのが恒例になっているようです。しかし、私はそういう席で新会社のリーダーたるべき人物が、「これからはこういう理念に基づいて経営を進めたい」と発言するのを聞いたことがありません。出てくるのはたいてい、「業務の効率化」「事業再構築」……決してそれらが無意味だなどと言うのではありません。しかし、これだけでは一番大事な〝軸〟が欠落しているように思えて、仕方がありません。そんな状態で、融合が本当にうまく行くのだろうかと、いささか心配にもなるのです。

そういう意味で希有な存在が、東京海上の樋口公啓会長です。氏はかつて、このように言っています。

「私たちは、経営理念を共有できるところと提携していきたい」

【経営理念】
東京海上グループは
安心と安全の提供を通じて豊かで快適な社会生活と経済の発展に貢献します
お客様の信頼をあらゆる事業活動の原点に置きます
時代を先取りする創造的な企業を目指します
【経営方針】
●お客様に満足される商品とサービスの提供に努め、お客様に信頼される企業を目指します。
●健全かつ公正な経営を旨として永続的な発展を図り、株主の負託に応えます。
●地球環境保護の促進に努めるとともに、良き企業市民として人権を尊重し、広く地域・社会に貢献します。
●代理店と心のかよったパートナーとして互いに協力し、研鑽し、相互の発展を図ります。
●自由闊達の社風を尊重し、社員の主体性・創造性・チャレンジ精神を大切にする人間尊重企業を目指します。

他の企業のトップからはまったく聞いたことのない発言です。物事の基本をしっかりと捉えておられるように思います。

東京海上という企業は実際、このように顧客指向を鮮明にするとともに企業市民としての責任、代理店とのパートナーシップ、従業員の自主性等素晴らしい理念を掲げています。このお客様中心の理念に従って提携や合併を進めることができれば、より高い価値を生み出す組織になることが期待できます。

合併にしろ、提携にしろ、まず理念を確認し、顧客視点をはっきりと目的に位置づけることが大切です。ただ単に「経費を削減するために」、ましてや「とにかく大きくなって市場で圧倒的な力を持つために」、それだけを目指して一緒になっても、計画通り事が運ぶ保証はないのです。

第三章まとめ

今あなたがしている仕事は、お客様に価値を届けることにつながりますか？
この視点で、すべてを見渡してみることだ。

私たちの知恵やエネルギーを価値あることに使うことだ。
組織やボスのメンツを守るための資料作りなど、今すぐにやめることだ。
価値を生まない会議もすべてやめてしまうことだ。
あまりにももったいないではないか。

邪心やメンツは正しい判断をゆがめてしまう。
素直な心で、今やっていることを観てみることだ。
そうすれば、何を残し、何をやめるべきかはすぐに分かるはずだ。

リエンジや業務改革のための難しい理論はいらない。
特別な能力などはいらない！

素直な心で物事を観ることのできる力こそが、最高のものだ。

何をすべきかがすでに分かっているなら、すぐに行動に移すことだ。
いつまでも進め方の議論をすべきではない。
それでは何も価値を生んでいないことを、しっかりと認識すべきだ。

物事は「やる」か「やらない」かしかないのだ。
二者択一。
実践しない限り、なんの変化も生まれないし、
価値を生み出すことは絶対にないことを
深く心に銘記することだ。

第四章　やる気を引き出し、能力を伸ばす

部下はやる気を持っています。
部下は能力を持っています。
それをあなたが止めているのです。

「どうして私の部下はバカばかりなんだ」という
その指している指を、自分に向けることです。

お役所の反対をやるべし

「本社の官僚たちには、本当に困ったものだ。俺たち現場の言うことなど、洟《はな》も引っかけない」

「実情を無視した、机上の論を押し付けてくるしね」

「かと言って反対すると、ろくなことがない。睨まれたら、後が大変だ」

大企業の「現場」では、珍しくはない会話です。

この会話には、いわゆる〝お役所仕事〟の特徴がよく現れています。すなわち、①現場の状況をしっかりと理解しないまま、自分たちの勝手な考え、思い込みでいろいろな施策を打ち出す、②たとえそれがピント外れなものであったことが分かっても、決して反省することはない、③権力を笠に着て強制で物事を進めようとする——といった行動パターンです。

人の力をどう引き出しているのか、という視点からみるならば、中央官庁をはじめとする役所では、「人の能力を伸ばさない」仕事の進め方をしていると言っても、過言ではないように思います。

何かユニークな意見が出されても「それは時期尚早である」といった調子で、通ることはほとんど、ありません。基本にあるのは「前例主義」。目立つことも、御法度です。

公務員としての道を選んだ方々は、たぶん最初の段階では「国民や地域住民のために頑張ろう」という情熱をお持ちになっていたはずです。しかし、「出る杭は打つ」式の〝教育〟を施されていくうちに、だんだんとそうした思いをなくし、まわりに流されてしまうというのが、実情ではないでしょうか。

企業経営において人材育成をどう進めるか考えるときには、こうしたお役所のやり方を反面教師とすべきです。他人事ではありません。冒頭の会話のように、多くの企業では無意識のうちに役所的な仕事のやり方になっているように思われるのです。

「今までの発想を変えて、人材育成に取り組むべきだ」というのは理解しにくいかもしれませんが、「役所のやっていることの反対をやれ」と言われれば、ずいぶん分かりやすくなるでしょう。

いくつか例をあげてみましょう。

「今の提案だが、どこか他でやっているところは、あるのかね？」

「B社が半年前に始めているのですが、高成長しているようです」

「よし、B社を上回る体制で取り組め。一年でトップシェアを奪うんだ」

これが〝前例主義〟です。

反対の場合には、「どこも手をつけていないのは、ニーズがないからだろう。そんな危なっかしい事業にゴーサインは出せないよ」という結論になるでしょう。

こうしたお役所的な発想をひっくり返すと、こうなります。

「どこかがすでにやっているのなら、同じことはやらない」

「どこもやっていないのならば、やってみる」

「どこかが右に展開していたら、左を開拓してみよう」

市場や顧客から高い支持を得るのはいったいどちらなのか、これもまた、結論は明白だと思います。


前の章で、美しい資料はウソが多すぎるという話をしましたが、これなども役所の仕事に通じるものです。役所の作る資料というものはまことに緻密で、落ち度がありません。どこからも「文句」を言わせないことを第一義的に追求した結果です。もちろん、議会の答弁書のように緻密でなければならない資料というのも少なくないのですが、これと同じことを企業がやっていて、果たしていいのでしょうか。

多くは繰り返しませんが、完璧な計画や資料を作ることを自己目的化するような愚は避け、必要六割、七割「これはいけそうだ」となったら、とにかくやってみる。そのうえで検証し、なら修正を加えながら前に進んでいく。こうしたヨット的な経営こそが、これからますます、重要になってくるのです。

お役所仕事のもうひとつの典型は、とにかく「ルール第一主義」で、決まりや前例を守らせることに全精力を傾けるところにあります。〝大企業病〟に蝕まれた会社も、似た症状を示すようです。

言うまでもなく、ルールや手続きといったものは手段であって、目的ではありません。目的をはっきりさせ、そこに向かっていろいろな手だてを尽くすという本来の姿を忘れて、ルールが前面に出てくると、組織は一気に硬直化するのです。

ルールを当てはめて、イエス・ノーを言うだけならば、管理者の肩書きはいりません。そのルールや手続きの本来の狙いは何かを認識したうえで、起こっている事態に柔軟に対応する能力こそが求められているのです。

役所は、この「柔軟に」というのが、まったく不得手な集団です。もちろん手続きや規則を守らせるのは仕事を進めるうえで当然の点もありますが、一方ではなぜそのような硬直した組織になるのかといえば、一番大きな理由は「保身」の二文字にあります。つまり、例外を認めて万が一何か不都合が生じたら「どうしてあなたはルール通りに事を運ばなかったのか」という、責めを甘受せざるをえなくなるからです。結果は同じでも、「正規の」手続きを踏んでいた場合には、実質的に間違っていても基本的に責任を問われることはありません。

保身に汲々とした集団が、果たして創造的な仕事に取り組めるでしょうか？

組織を活性化することができるでしょうか？

ましてや、組織に属する人たちのやる気を引き出し、能力を伸ばすことができるのでしょうか？

お役所仕事の逆を目指すことの意義が、分かっていただけると思います。


千葉県船橋市に「ザウス」という室内スキー場があります（平成十四年九月三十日閉館）。そこがオープンを控えていた時期のこと、スキー場には欠かせないリフトの運行を認めてもらおうとしたら、「風速計」の設置を求められた。運輸省（当時）に申請に行ったところ、「風速計をつけなければ、リフトの運行許可は出せない」と言われたというのです。

驚いた「ザウス」側は、「室内スキー場に風は吹きません。屋外のスキー場と違って強風の危険はないし、第一、作動するはずのない風速計を設置するのは、まったくの無駄です」と、何度も役所に掛け合ったそうです。しかし、運輸省の担当官は、「スキー場のリフトには風速計の設置が義務づけられている」の一点張りで、頑として首をタテに振らない。結局、このままでは予定通りのオープンに支障が生じるとして、しぶしぶ、リフトの上と下に風速計を取り付けたそうです。

「日本経済新聞」の一面に、概要、このような記事が掲載されたのは、数年前のことだったでしょうか。

無風状態の場所に、風速計を無理矢理つけさせる。まさにお役所の面目躍如といったところです。

風速計の設置を義務づけた「ルール」には、室内スキー場という存在は、想定されていなかった。そのルールを絶対視する立場からすれば、「室内だろうが屋外だろうが、風が吹こうが吹くまいが、風速計抜きのスキーリフト営業を絶対に許さなかった」運輸省のお役人の姿勢は、当然のものと言えるでしょう。しかし、「なぜ風速計が義務づけられているのか？　それは強い風の中でリフトを運行すれば乗っている人が危険にさらされるからだろう」という「ルールの目的」に照らせば、これはまったく馬鹿げた対応としか言いようがない。小学生でも分かることです。

後日談ですが、この記事が載った数日後、件の風速計は取り外されました。「あれが運輸省〝お墨付き〟の風速計だ」と指さされるのは、さすがに耐え難かったのかもしれません。

笑い話に近いエピソードですが、「まったく、お役所は仕方がないなあ」で済ませられるでしょうか。他人事として笑っていてよいものでしょうか。

民間企業でも「あの書類がないとダメだ」「こっちの許可を取ってくれ」といった、役所的な業務がいつのまにか常識になっては、いませんか。真摯に、振り返ってみる必要があると思います。

実力主義、成果主義は根付くのか

バブル崩壊後、日本企業はこぞって「米国企業に学べ」という姿勢を強めています。そのひとつが、年功序列の賃金体系から実力主義、成果主義への移行です。

働かなくてもみんなと同じ水準の賃金が保証されるという従来の仕組みから、能力があり頑張る人間はどんどん登用され、給料も上がるシステムへ――これが企業活動を活性化し、沈滞した業績の立て直しに結びつく、という説明なのですが、正直申し上げて、私にはそう都合よくいくとは思えないのです。

そのように考える理由の第一は、それらが本当に企業の活性化といった「理想」を追い求めた結果として出てきたものだとは、到底、思えないからです。

実力主義は、本当に実力のある人を登用しようとして採用されたのでしょうか？　私には、その背後に、当該企業側から見たもっと重要な目的が透けて見えるような気がします。「人件費の削減」です。あくまでもこれが最大の目的であって、その手段として聞こえのよい実力主義、成果主義という考え方に飛びついたような気がして、ならないのです。

動機が不純では、よい結果を期待する方が無理というものです。

事実、あまりに行き過ぎた成果主義は、その制度を導入した会社に、自分のことしか考えない「ワガママ人間」を増殖させる結果になりました。「成果」を上げなければ「賃金が下がる」

のですから、自分のことで精一杯。それに関係のない仕事になど、見向きもしなくなるのは当然と言えば当然です。結局、目論見どおり業績を上げるどころか組織の節々に齟齬をきたして、せっかく取り入れた制度の見直しを余儀なくされる企業が相次いだのはご承知の通りです。

成果主義というシステムそのものについて考えてみても、「評価が難しい」という問題点があります。

もともと仕事が数字に換算しやすい、例えば営業部門などを対象にする場合はまだよいのですが、スタッフ部門の人を評価するのには、大きな困難が伴います。経営企画、人事の人に対して「今日から、あなたの仕事は実力主義で評価されます」と言ったところで、本当にそんなことができるのでしょうか？　私は疑問に思います。

比較的評価がしやすい部署であっても、成果主義というのはもともとの目標に対して、何パーセント達成できたかというのが基準になりますから、この目標値が公平に設定されなければなりません。たとえ営業であっても、この目標の公平・平等な設定は難しい。ほとんど不可能に近いと言った方がよいかもしれません。同じ商品を売っていたとしても、担当するお客様が違う、担当する地域が違う――すでに「平等」ではないのです。成果主義をシステムとして百パーセント導入するというのは、無理があると思います。

前の章で述べた「リエンジブーム」にも共通するものがあるように思いますが、土壌の違うところで「成功した」システムや考え方をそのまま形だけ持って来て植えてみたところで、花を咲かせるのはなかなかに、困難なのです。

例えば年初の「目標設定」にしても、米国などでは、上司と部下がそれこそ喧嘩腰でやり合って決めるわけです。しかし、日本でこれができるでしょうか。成果主義の制度を導入した企業で、どこまで真剣に、お互いが思いの丈をぶつけ合い、個々の評価項目や目標値について話し合っているでしょうか。

農耕民族である日本人の考え方のベースには「摩擦を嫌う、調和を重んじる」という、基本のＤＮＡがあります。これを覆して、今日からは欧米の発想で……というのは、現実的ではないように思います。上司と部下が存分に言い合ったあげく、その後人間関係が壊れ、仕事に影響が及び、ひいては業績にまで影を落とすということが、十分に想定されるからです。

結局、ともに「これくらいで我慢しよう」という妥協で〝決着〟することになります。実際に設けられた目標値は上司の期待とも、部下の思いとも離れたものになりかねないのです。

年度末に行う評価の方も、大変です。

ある項目について「君はＢランクです」あるいは「Ｃランクにとどまった」というような評価を、どれだけフランクに、かつオープンに行えるでしょうか。十年、二十年、面と向かってお互いの仕事の中身を厳しく討議、評価し合うような経験が皆無だったところに、突然、「環境が変わったので、今年からは成果主義で行きます。年度末には厳正に評価して下さい」ということになって、うまく行くようには思われません。

そして、ここでも「人間関係」の問題が生じてきます。「Cランク」を宣告された人が、実は「自分はAランクだ」と思っていたかもしれないのです。こういう場合、「評価を前向きにとらえて、仕事の質を高めよう」となれば万々歳。でも実際には、その場で表面上その評価を受け入れつつも、それからずっと「根に持つ」ことになることの方が、多いように思われます。上下の人間関係がギスギスした状態では、いい仕事など望むべくもありません。

ここでもまず考えなければならないのは、成果主義という評価システムも、人のやる気を引き出し、業績を向上させる手段のひとつに過ぎないということです。なのに、その手段を取り入れたことで逆に業績がダウンしかねないのでは、まったく意味がないではありませんか。


確かに、どんな仕事をしていてもみんな同じ給与待遇、評価もされなければ他と差をつけられることもない――という硬直した制度をよしとするわけではありません。これが、やはり業績の伸びを阻害する要因になっているケースも多いでしょう。本当に優秀な人材が流出する原因にもなるだろうと思います。

人の評価システムは、職種やその人の個性、人生観によって最適なものが異なると思います。百パーセント歩合給の方がやる気が出る人もいれば、固定給が多い方が生活が安定するので好む人もいます。その間を所望する人もいるでしょう。

最初から条件がはっきりしていて、それらを分かった上で職につくのなら問題は少ないでしょうが、従来の一律から百八十度の転換はあまりに無理がありすぎるように思えてなりません。個々の企業の特長や集まっている人たちの特性によって異なりますが、私は、日本の場合は個々人を対象にするのではなく、日本人の得意な「みんなで力を合わせてやる」という考え方をベースにした評価システムを検討するべきではないかと思います。すなわち、グルーピングしたうえで、そのグループを評価の単位にした成果主義、実力主義を取り入れるのです。いわば、旧来型の年功序列型賃金体系と、昨今騒がれている成果主義の中間点、ここに正解があると考えています。

「異端児」を大切に

日本では「人とは異なる」「常とは異なる」ことを、よしとはしてきませんでした。「常とは異なる」とは、すなわち「異常」。この言葉が肯定的な意味で使われることは、ありません。しかし、「これからの世の中は〝人がやっていないこと〟〝どの会社も手をつけていないところ〟にこそ、独自の価値を見出さなければならない」という視点に立つならば、常と異なる発想をする人、ちょっと変わったタイプの人間を、大切にする風土が求められてきます。

裏返せば、「常識」でのみ判断していても、新たな価値を持った商品、素晴らしいサービスは生み出せない、ということです。

旧トヨタ自販出身という、トヨタ自動車の中では傍流と目される経歴でありながら、九五年にトップに就任した奥田碩氏は、社長の椅子に座るやいなや「とにかく、若者に受けるクルマをつくれ」と大号令を掛けました。トヨタといえば、〝おじさん車〟。これに対してホンダは若者層の支持が厚く、中高年になってもそのままホンダの車に乗り換えることが多くなってきた。これではいけない、というわけです。

奥田氏の素晴らしかったところは、若者をターゲットにするに当たって、若い世代の人間を大胆に起用しただけではなく、彼らを新たに作った自分直属のチームに所属させ、とにかく自由にやらせたことです。どんなにユニークな発想を持った人間であっても、既存の組織に入れたのでは〝大トヨタ〟の官僚主義に押しつぶされてしまいかねない――たぶん、そのように考えられたのでしょう。

そして、彼らのアイデアを、大胆かつ柔軟に取り入れていったのです。自動車の売れ行きを大きく左右するデザインは、最終的には役員会の承認を必要とするそうですが、プロジェクトチームが出席して「ｂＢ」のデッサンを提案したときには、顔をそろえた役員が誰も声を発することができなかった。〝流れるようなフォルム〟の向こうを張った、ハコ型と呼ぶにふさわしい外観。よい悪いの前に「理解不能」に陥ってしまったのです。その時、口を開いた奥田氏は何と言ったか。

「はっきり言って、私にはこのクルマが分からない」

通常、トップがこのように言えば、それは否定的な結論に結びつきそうですが、氏は違いました。

「私たちがどうこう言うシロモノではない。だからやってみよう」

結果、このプロジェクトは見事に成功を収めました。「ヴィッツ」「bB」「ウィル」……どれも、従来のトヨタの発想からはまったく出てこなかったであろう、斬新な商品デザインを備えたクルマです。そしてトヨタは、〝おじさん車〟のイメージを返上するとともに、史上最高の国内シェアを獲得するに至ったのです。

ここには、二十一世紀型マネジメントのひとつのあり方が示されているように思います。過去の成功体験を尺度に、その尺度で理解できない考え方や行動を排除していては、将来の成功は、おぼつかないように思います。

「過去しか知らない自分たちは、若い世代の発想をつぶしてしまってはならない」

「自分に判断できないアイデアや商品は、もしかしたら途方もない可能性を秘めているのかもしれない」

こうしたことを、ある意味、謙虚に問い直す姿勢こそが求められているのではないでしょうか。

「何を考えているのか分からない」

「時々、会議で突拍子もないことを言う」

こういう〝異端児〟は、今風の若者に多いと思います。しかし、将来も含めてあなたの会社の商品やサービスの主なお客様になるのは、そういう「宇宙人のような」世代であるという事実も、肝に銘ずる必要があるように思います。

管理職の皆さんの下には、きっとご自身が理解できないような部下が居るのではないでしょうか。自分の理解をはるかに超えた人です。

それは素晴らしいことです。自分と同じ発想ばかりの部下では、まったく革新を起こすことは不可能です。全部がそのような人では困るかもしれませんが、少しは居て欲しい存在です。その人こそ金の卵かもしれません。もちろんしっかりと孵《かえ》る保証はありませんが、少なくとも自分が理解できないとの理由で排除しないことです。

突拍子もないアイデアには「自分が理解できないので、これはヒョッとするとすごいものかもしれない」と考える思考回路を持つことをお勧めします。

あわせてそれを意志決定できる腹があれば、なおよいと思います。

説得と納得の違い

仕事を円滑に進め、社員の能力を伸ばすうえで、「納得」を得ることの重要性について述べてみたいと思います。

言うまでもなく、「説得」と「納得」は似て非なるものです。前者の場合は、得を説いている状態ですから、必ずしも言っていることが相手の腹に落ちているとは、限りません。この状態のままで何かをやらせようとするのは、表現を変えれば「強制」になってしまいます。

この場合は、〝重し〟が取れると、その時点で人は動かなくなります。他からの強制ですから、環境変化に対応することができません。ましてや、創造的に価値を生み出すようなアクションは、まったく望み薄でしょう。

しかし、得を納めていれば話は別になります。一番の違いは「自らの動きになる」ところです。多少の障害物があろうが、状況が変わろうが、自分で道を開いて進もうとします。やる気を持って課題に挑戦し、自分で考えながら仕事を進める中で、真の能力向上も図れるのです。

ところが通常、組織の現場では、説得にはエネルギーを使うのに、納得させることに力を注いでいるようには思えません。

納得を得るためには、一方的に指示を出し続けているだけではダメです。

大事なポイントは、①本人に考えさせる、②本人に発言させる、③本人に行動させる――という三つのステップを、確実に踏まえることです。

「このプロジェクトは、かくかくしかじかの理由で当社の命運を握っている。とにかく全力で頑張って欲しい」という「説得」の場合は、①と②が抜け落ちることになります。高度成長期にはこれでも成果が上げられたかもしれませんが、この点でも、時代が変わっていることを深く認識すべきではないでしょうか。

第二章で述べた、ザ・リッツ・カールトン大阪の例を思い出して下さい。従業員は、「ベーシック」と呼ばれる行動指針を毎日、唱和するのではなく、それに基づいて何をやるのかを発表していました。一人ひとりの「納得」が、世界最高レベルのサービスを生み出しているのです。

業種にかかわらず、これは大切なことだと思います。個人個人が本当に納得して仕事をするか否か、この積み重ねは大きな差になって現れてくるように思います。

「社員の頭が筋肉でできている」と言われた会社

「考えさせ」「発表させる」ということは、一人ひとりの頭脳を信頼し、それを生かしていくということでもあります。

かつてのGEに関して、このようなジョークがあります。

「従業員は毎朝、会社の正門で頭を外し、仕事が終わると再びつけて、帰っていった」

すなわち、「現場の社員は、ものを考えなくてよい」というのが、当時のGE上層部の方針だったのです。社員の頭という資源は使わずに、手と足という機能だけを利用して、経営を行っていたというわけです。

似たような例が、日本にもあります。二〇〇〇年度の日本経営品質賞中小企業部門賞を受賞した、武蔵野という会社です。東京に本社を置くダスキンのフランチャイジーで、従業員三百名弱の規模です。

この会社の小山昇社長はかつて、ある経営コンサルタントに「お宅の社員は、みんな脳が筋肉でできている。ただ言われるままに汗を流しているだけで、まったく考えようとしていない」と言われました。「考えている」すなわち脳の部分はすべて、小山氏が一人で担当していたわけです。

こんな状態だった会社が、経営品質賞にチャレンジすること四回、ついに栄誉に輝いたのですが、その過程でまず変わったのは、小山氏自身でした。

「考えてみれば、社員一人ひとりには頭がついている。これを生かさなければ、今以上の発展は望めない」

そこで彼は、大胆な権限委譲を実行に移すと同時に、社員が自ら考え、行動しやすいように、会社の仕組みを作り変えていったのです。

例えば、経営の柱である経営計画の立案作業は従来、社長の専権事項だと考え、自分一人で行ってきた。しかし、この場に幹部社員を参画させ、現場の声を積極的に取り入れて、よりみんなが納得できるものに練り上げる努力をしました。

今度は社員の方が、変化していきました。

「私たちの声が聞いてもらえる」
「計画に、私の意見が反映された」
〝強制労働〟から解放された社員たちは、生き生きと仕事に取り組み、自ら改善点を探して提案し、実行するようになりました。自分で「考える」ようになったのです。

実際、経営品質賞の授賞式では、「頭が筋肉だ」と言われていた社員のみなさんが、千人あまりの聴衆の前で堂々と自社の経営理念を語り、会場からの質問に答えていました。

立派だと感じたのはその時、小山氏が自分で壇上に立つことをせず、すべての説明、質疑応答を社員に任せ、じっと見守っていらっしゃったことです。

その小山社長はこの間の変化を、次のように語りました。

「以前は、小山という一台の機関車に客車が三百両でした。でも今は違います。三百両にすべてモーターがついていています。もちろん、その動力の大きさにはバラツキがありますが、みんな自分で進む力を備えているのです。ですから私が楽になりました」

多くの企業をヒアリングして感じるのですが、現場の社員には共通して出てくる不満があります。そのひとつが「なぜこのような計画になったのかが、分からない」「この方針は、どのような背景で決定されたのか、理解できない」というものです。

「計画は私たちが完璧なものを作成した。君たちはこれを実行してくれればよい」という経営姿勢には、強い違和感、反発を覚えているのです。

こうならないためには、計画立案の前の段階で十分現場の声を聞き、それをできる限り取り入れる、ないしは立案作業そのものに可能な限り多くの社員を参加させる——といった経営姿勢が必要になってくると思います。社員が、「十分納得できる内容だ」、あるいはさらに進んで「自分たちが作った計画だ」という気持ちになれば、受け身でそれを遂行するのに比べてより多くの情熱がそこに込められることになるでしょう。結果的に高い価値を生み出す力になって行くはずなのです。

そして、武蔵野の成功例に明らかなように、マネジメントは方針を明確にしたら、実際の仕事に関しては、様々な判断を含めて大胆に現場に「任せる」ことが重要です。そのことが従業員の能力を伸ばす、最善の道であると思います。

確かにこの場合、任せる側には今まで以上のリスクが生じることになるでしょう。しかし、ある程度のリスクを背負わないで、人を育てることはできないと割り切るべきです。場を与えなければ、生きた経験を積むことなど不可能なのです。

あれこれと細部にわたって指示しないと、気がすまないマネジメントの方がいらっしゃいます。こういう方は、未来永劫〝楽になる〟ことはできないでしょう。

「自分には力がないから、知恵がないから、学歴がないから、有能な人にお手伝いしていただく」

松下幸之助さんが口癖のようにおっしゃっていたこの言葉を、噛みしめるべきだと思います。五十代の私からみると、正直言って今の二十代ぐらいの人たちの発想や行動には、理解しがたいところも多々あります。でも、彼らにはやる気がないのかというと、そんなことは決してないのです。例えばファミリーレストランや衣料品店などの店長。アルバイトを含めたメンバーを統率し、朝から深夜までバリバリ働いている二十代は、少なくありません。

そのエネルギーは、まさに、「この場を任されている」というところから来ているように思います。

「自分の部下は、いつまでたっても成長しない」

その場合は、部下を責める前に、まず自分の言動を疑ってみるべきです。成長の場を与えずに、能力アップだけを、求めてはいませんか？

聴くことの大切さ

人を「育てる」というのと、人に何かを「教える」というのは、まったくの別物です。「教育」という文字は、この異なる二つの要素から成り立っているのです。ですから、物事を「教えた」だけでは、必ずしもその人間を「育む」ことにはならない。この点に、注意しなければなりません。部下を集めていろいろなことをしゃべる、それだけでは能力を伸ばすための「教育」には、なっていないのです。

「納得と説得」の項でも述べましたが、相手に考えさせ、発言させ、そして行動に移らせるというステップが必要です。だから、一方的に話をするだけではダメです。部下の話をしっかりと「聴く」ことがそれにも増して、重要な意味を持っているのです。

ひとつの課題を与えたら、それに対してどう思うか、どうしたらよいのか、自分のなすべきことは何か、といった様々な観点から、その人の話を十分に聴くことです。

組織の中で肩書きが上がれば上がるほど、しゃべる時間が長くなり、他人の話を聴く時間は短くなる傾向があります。似顔絵で表現すれば、偉くなるほど口が大きくなり、耳はだんだん小さくなってしまう。耳が付いているうちはまだよいのですが、これが取れてしまい、代わりにそこにも口ができていた、という絵を描くのが正しいような方も、現実にはいらっしゃいます。この絵姿は、意識的に変えていく必要があります。

仏像をご覧になって下さい。みんな口は上品に小さく、それに比べて耳が大変に大きいことが分かるはずです。やたら口が大きいと、阿修羅になってしまう。ここに、人間のあるべき姿が表現されているのではないでしょうか。

上に立つ人こそ、最もよく人の話を聴く人間でなくてはならない——私はいろいろな企業をアドバイスさせていただく中で、このことを必ず申し上げています。どこの企業でもほとんど例外なく、上の人間は他人の話を聴いていない。特に部下の話を聴いていない。ひたすら、しゃべっているわけです。たくさんしゃべっているので「これだけ話したのだから、みんな分かってくれただろう」という誤解に陥りやすいことは、前にも述べました。

経営トップ層の方々にこのことを申し上げると、「言われてみれば、その通り。一度、真剣に部下の意見を聴いてみよう」ということになります。ところが、この決意を実行に移すことは、簡単なようで難しい。今まで自分でしゃべってばかりいたので、〝慣性の法則〟が働くのか、もともと他人の話を聴くというソフトウエアが組み込まれていないせいなのか、なかなかうまくいきません。

「私は今まで、みなさんの意見を聴く時間をあまり取ってこなかった。今日の会議では、私は聴き役に徹したい。忌憚なく、発言して欲しい。そもそも意見を聴くことの意味は……」。これで一時間の会議の大半を費やしてしまうのが実状です。

冗談では、ありません。アドバイス申し上げた会社の状態をフォローしてみると、この手の話は大変多いのです。

しかし、きちんと話が聴けた場合は、このようになります。

「大久保さん、驚きました。部下は真面目にいろいろなことを考えていました。仕事の課題も、会社の将来についても、自ら考えていました。そして、よいアイデアも持っていました」

ある大手メーカーの、トップの方の感想です。

「当社の社員は、自分の頭で考えない」。私の経験から言わせていただければ、このような時は、社員が考えていないのではなくて、上が「考えをしゃべらせていない」だけであることが、少なくありません。日本人一人ひとりというのは、若い人を含めて、属している組織をよいものにしようという気持ちを、みな持っているはずです。そういう意味では、大変クオリティが高いのです。そのことに、もっと確信を持つべきではないでしょうか。

育たないのではなく、育つ芽を摘んで育たないように努力している人が多いように見受けられます。もちろん上司たる本人は育てる方向で努力しているのですが。すなわち知らずに犯している罪であり、仏様の言葉を借りれば、知って犯す罪よりはるかに重いことになります。

意図的でないからこそ、なかなか自分がしている間違った行動に気付くことができません。気付かないから改善することもできないわけです。

育とうとしている部下の頭を、あなたが押さえつけてはいませんか？　その手をどけて、もっと伸び伸びと発言させ、行動させてみては、いかがでしょうか。

言うまでもないことですが、上下左右のコミュニケーション、人間関係の善《よ》し悪しは、業績に直結するテーマです。そして相手の話をしっかりと聴くということは、このコミュニケーションを円滑にする第一歩なのです。

「社員満足度調査」を実施する企業が最近増えています。会社の将来性、給与などの待遇、仕事のやりがいなどについて、社員にアンケート調査を行うわけですが、興味深いことに上下のコミュニケーションがうまく行っていないと、概して満足度が低くなるという傾向が現れます。つまり、上下の風通しがよければ、会社の将来は「明るい」ということになるのに対して、上司とうまく行っていない社員の場合は、同じ給与体系、昇進の機会が与えられていても、必ずと言ってよいほど否定的な答えが返ってくるのです。実際、勤めていた会社を辞める時、上司とのコミュニケーション不足が直接、間接の理由になっていることは、多いはずです。

人間は、仕事が少々きつくても、我慢できるものなのです。しかし、「自分のことが正当に理解、評価してもらえない」ということになると、耐え難く感じるのです。

部下とのコミュニケーションをしっかりとしたものにする、そのためにまず、相手の言うことをよく聴く——このことをすぐにでも、実行に移して欲しいと思います。

「性善説」を信じ、加点主義で

「企業は人なり」。使い古された言葉ではありますが、これは真実です。

私自身、独立してつくった会社の名称を「人と経営研究所」にしたのも、経営はつまるところ人に尽きると考えたからに、ほかなりません。

人を伸ばすという観点からいろいろ述べてきましたが、実は最も大切なのは、この一人ひとりの人間をどう見るかという、まさに〝人間観〟そのものだと思います。

「人間は潜在的なものを含めて、能力を持っているものだ」とみるのか「つまらない存在だ」とみなすのか。あるいは、「場が与えられればやる気を出すはずだ」と考えるのか「そもそも人間は怠けるものだ」と切り捨てるのか。

例えば、日本経営品質賞を貫く人間観は、「性善説」と言えるでしょう。人の自主性、創造性を尊重するならば、その人はいくらでも能力を伸ばすことができる、そして今より素晴らしい仕事が必ずできるようになる、という考え方なのです。

社員の能力アップのためにどんな方法論を駆使しても、根底にこうした人間に対する信頼がなければ、限界が見えるような気がします。

各社の人事制度、評価基準なども、従業員を否定的に評価するようなものにしないで、いかにその能力を伸ばすかを基礎に置いて作っていくことが大事です。減点主義ではなくて、加点主義で考えるべきだと思います。

何もしない人よりも、何かにチャレンジした結果失敗した人を、高く評価できる仕組みにしていく必要があるのではないでしょうか。一度しくじったら、二度と元のコースには戻れないというのでは、たぶん誰もチャレンジはしなくなるでしょう。

この点に関しては、米国に学ぶべきかもしれません。彼ら、特にベンチャー起業家は、失敗してもそれ自体をあまり問題にはしません。「途中で失敗したって、ゴールが達成できれば、それでいいじゃないか」というわけです。そして、次に資金を集めるときには、「私はこれだけ多くの失敗を経験した。そして成長した。これからは、きっとうまくやれるだろう」ということを、堂々と口にしたりする。こういう風土があるのです。これからの時代に力を発揮するのは、こうした前向き、挑戦的な姿勢なのかもしれません。

グループに属する一人ひとりが、その持てる能力をすべて発揮したら、その企業はどのような発展が望めるでしょうか。まったく想像できないほど素晴らしいことになるのは確かです。すべての人が前向きに明るく、組織を超えてチームワークで活動し、生き生きしている組織です。

やる気を引き出し、個人の能力がどんどん伸びる組織。

これらのことをもっともっと真剣に考えるべきではないでしょうか。

そのための障害になっているものは何か、それらを取り除くにはどうしたらよいか、お互いに知恵を出し合うべきです。

本音で本気で検討することです。真剣になればきっと道は見えてきます。

これらのことを具現化してこそ、変化の激しい二十一世紀にも堂々と残ることができるのではないでしょうか。

第四章まとめ

人は機械ではありません。
一の能力の機械はいつまでたっても一にしか過ぎません。
しかし、人は違います。
仕事に向かう姿勢や心構えで、何人分もの力を発揮することができます。

場を与え、情報を与え、権限を与えれば、
人はその能力を飛躍的に伸ばすことができるはずです。

あなたの部下は伸びたがっています。
あなたの手、部下の頭を押さえている、その手を離すことです。
部下や社員は、あなたが思っているのとまったく反対に、
どうしたらもっとよい仕事ができるか、
どうしたらもっと会社が発展するかを考えているものです。

一方的に話をしないで、じっくり耳を傾けることです。
自らの聴き出す能力を磨くことです。

納得して事に当たる部下は強い。
変化に自ら対応することができるからだ。
そのためには、良きコミュニケーションが不可欠だ。
お互い、どの程度分かり合えているか、一度検証してみることだ。

きっとあまりのギャップの大きさに驚くことだろう。
しかし、心配はいらない。
ギャップがあることを認識できたのだから、
あとはそれを埋めることだ。

人は誰しも心の奥底では、価値ある仕事をしたいと思っているものだ。
価値ある存在でありたいと願っているものだ。
基本において、そこを信じているかどうか。
人と企業の真の価値を高めるカギの一つだ。

第五章　顧客重視の社風を創る

企業風土がそこにいる人の行動の基本を定める。
人を生かし、能力を発揮させる基本は、持っている風土。
お客様を大事にする風土は、これからの企業力である。
この風土を創るための努力を惜しんではならない。

会社の風土とは

人、資本、設備、情報といった会社の資源を生かすも殺すも、会社の風土すなわち「社風」にかかっているように思います。「土壌」と言い換えてもよいかもしれません。

多くの企業で「風土改革」ということが言われるようになりましたが、これは「土壌改良」と表現した方が分かりやすいかもしれません。どんなに種や苗が優れていても、土壌がよくなければ、品質の高い作物を作ることはできません。土壌づくりは、すべての基礎なのです。

あるところでうまく行ったからと言って、それを引き抜いてきて植えてみても、同じような収穫が望めるとは限りません。優秀な人間を引っ張ってきたところで、風土に合わなければ、根腐れを起こすだけに終わるでしょう。

リクルートや日本アイ・ビー・エム、ソニーなどは〝人材輩出企業〟と言われています。これも、立派な社風だと言えるでしょう。実際、これらの会社から巣立って活躍なさっている方は大変多いし、同時に〝出戻り〟を歓迎するのも共通した特徴と言えます。そういう、「自由さ」が土壌にあるのです。

私自身、日本アイ・ビー・エム在職中に、本を何冊か出させていただきました。普通日本の企業ではなかなか、許されないことでしょう。

「どうして本を書くような暇があるのだ」と睨まれて、会社には居づらくなるのが関の山ではないでしょうか。

私の場合は、反対にまわりの人たちが極めて前向きに評価して下さいました。

「仕事をさぼって本を書いている」のではなくて、「今やっている仕事以外に、本が書ける能力を持っている」という方向に考える〝空気〟に、満ちているのです（「能力」があるかどうか、私の場合は疑問ですが）。

一冊目を出版したとき、大変うれしくて、社内の「これは」と思う人に「今度本を出したので、買って読んでみて欲しい」と声をかけて回ったのを覚えています。そして、そのうちの数人から、「実は私も書いているので、読んでくれ」と言われ、「これがアイ・ビー・エムの社風なのか」と認識を新たにしたことを思い出します。

そのくらい本を書いて出版している人が多いのです。私自身にとっても驚きでした。

これからは、こうした風土が大きな力を持つ時代になるのではないかと思います。社外に人脈を持ち、「公」の場で活躍している、そのような人を素直に評価することが大切だと思います。「出る杭を打つ」ことばかりに躍起になっていては、変化に対応できる人材も育たないのではないでしょうか。

いろいろな企業を訪問させていただいていますと、しみじみ企業風土というものが違うものだと実感いたします。

上司と部下との対話の雰囲気も、堅苦しいところもあれば、極めて自由にお互いが言いたいことをそのまま発言している企業もあります。

後者の場合には、私自身も思っていることをストレートにお伝えしやすいものです。常日頃「大久保はいつでも言いにくいことをズバリ言ってるではないか！」と言われる私でもそんなものです。

ともかく何かあるとすぐに「上の了解をとってからでないと……」と時間がかかる企業もあれば、その場で役職の低い人でも即断する企業もあります。

会議偏重主義で「それはどの会議で決定したことなのだ」と会議にやたら拘《こだわ》る企業。

常務会第一主義ではそれこそ何でも常務会、「それはまず常務会を通そう」とか「常務会で了解を得ているのか」といった具合。常務会が存在しなかったら、何も進まない、決定できない企業。

そんなに常務会の検討内容の質は高いのかと言えば、何でもかんでも上げてくるところほど、本質的な討議・検討が行われているとは言いがたいのでは、との印象を持ちます。

担当者が自分で意志決定しない、責任を取らない風土です。

二十一世紀にふさわしい社風とはどういうものか、という観点からいくつか類型化してみると、次のようになるかもしれません。

◎保守的であるか革新的なのか――現状維持を旨とする経営か、それとも常に現状を乗り越えて新しいものにチャレンジしていこうという風土か。

◎上司と部下の対話は、フランクに行われていないのか、いるのか――例えば現場の社員と経営トップ層が、気軽に腹を割って話せる雰囲気があるのか、あるいは階層社会になっていて、何ランクか差がつくと、まるで話ができない状態なのか。

◎現場の意見が「通らない」組織か、「通る」組織か――第一線の声が正確にトップ層まで伝わる仕組みになっているのか、何段階も経るうちに〝濾過〟されて、聞こえのよい意見ばかりになってしまう風土なのか。

◎計画作りに時間をかけるのか、即実行に移すのか――企画を通すためには美しい資料を作ることが不可欠とされるような土壌があるのか、それとも実行のスピードを重要視する組織なのか。

◎縦割り意識が強いのか否か――たとえ社内であっても、自らの組織の利益を最優先し他を排除しようとするのか、必要なときは壁を乗り越え、みんなで集まって問題解決に当たるような、柔軟性を備えた社風なのか。

自分の会社のことを、思い起こしてみて下さい。前者のような土壌が色濃く残っている場合は、変革の時代を生き残っていくうえで、重大なハンディキャップを負っていると認識すべきでしょう。

もちろん、自由に、フランクにと言っても、わがまま勝手が許されるわけではありません。そこにはやはり、「お客様を重視する」という根本理念が貫かれている必要があります。すなわち、お客様を第一に考える風土を作っていくことが、大切だと思います。

何か問題が起こったときに、社員が上司の顔を思い浮かべるのではなくて、顧客のことを考える。自社のルールを押し付けることをせず、一度お客様の立場になって考えてみる。こういう姿勢を保ち続けることが、「顧客重視の社風」に結びついていくのではないかと思います。

上司ともフランクに話し合え、縦割り意識に凝り固まっておらず、何よりもスピードを重視する社風が、顧客視点にどのように結びついていくのか。日本アイ・ビー・エムで経験した事例をあげておきたいと思います。

ある時、自社の製品について「使い勝手が悪い」という、クレームの電話が入りました。たまたまその時、該当する部署の担当者が席を外しており、クレーム対応とはまったく関係のないセクションの社員が電話を受け取りました。お客様の意見を聞いた彼は、すぐに行動に移りました。当該クレームに関係のありそうな複数組織の責任者に連絡を取り、集まってもらったのです。職位から言えば、自分より何段階も上の人たちです。その場で、寄せられたクレームについて検討を加え、ある結論に達しました。席に戻った彼は、すぐに受話器を取って、クレームを寄せられた顧客に、その結論に基づいた対応策を説明したのです。ここまで、すべて一人でやりました。

この事例からは、いくつかの教訓が読みとれると思います。第一に、言うまでもなく百パーセント顧客視点に立って問題に対処した、この社員の立派さです。クレーム対応部署の人間に正確なメモを残すだけでよしと思うのが普通かもしれません。しかし彼は、上下の壁も、横の壁も破って人を集め、解決策を引き出し、それをしっかり顧客に伝えるところまで責任を持ちました。その間は、自分の本来の仕事を〝放り出して〟事に当たったのです。すべて、目の前のお客様が最優先、という考えからとられた行動でしょう。

第二に、「集合を命じられた」責任者たちが、問題意識を共有し、早急な対応に力を尽くしたことです。「他部門の、しかもそんな職位の下のやつが言うことを、いちいち聞いていられるか」という態度をとることはなかった。

老婆心ながら、日本アイ・ビー・エムが顧客対応の点で一から十までうまく行っている、一人残らずこのような対応がとれる、と言いたいわけではありません。しかし、このエピソードは「顧客重視の社風」がかなり浸透していることを物語っていると思います。

所属する組織とか、偉い人のメンツとか、美しい資料とかにこだわるのではなく、あくまでも「お客様のために」という一点で、みんながまとまっていく。これからは、間違いなく、こうした社風を持つ会社が強みを発揮していくでしょう。

販売促進会議で売り上げ増にはならない

第三章で、「価値を生まない、情報伝達だけの会議はやめた方がよい」ということを申し上げました。よくも悪しくも、会社は会議で回っている側面が強い。社風が育まれ、伝達され、次の世代に引き継がれていく場として、会議の存在を無視するわけにはいきません。

その会議のテーマ、中身が、お客様の声をもとに、そこに示された課題を解決するという方向性を持ったものなのか、じっくり見直してみる必要があると思います。

いろいろなアイデアが示されたときに、「そのことはいったい、お客様にとってどのような意味を持つのか」という視点で、果たして検討が加えられているでしょうか。

お客様を軽視、あるいは無視している企業、組織の会議では、次のような発言が数多く飛び出すのが常です。

「何とか今日中に説得してこい」

「あの客は、もう少しで落とせると思うのですが」

「この商品が売り込めないで、お前はそれでも営業か！」

ここには、まさにプロダクトアウトの発想しか、ありません。

これも行く先々の企業でお伺いするのですが、「あなたの会社では、販売促進会議を開いていますか？」と質問すると、「もちろん、やります。基本的に毎週開いています」といった答えが返ってきます。

「ところで、会議を開いて売り上げは伸びますか？」

「いや、それがなかなか思い通りに行かなくて」

「だったら、やめればよいではないですか」

たいてい、このようなやりとりになります。どこの企業にもある、販売促進会議の類。私の経験では、「販促会議」で業績が上がることはほとんどありません。一時的に「テコ入れ」はできても、長続きはしません。多くの場合、市場や顧客のニーズと噛み合わないところで論議しているのですから、これは当然なのです。もっと別に、時間を使うところがあるように思います。

名古屋にある、中堅の鉄鋼関連メーカーの依頼を受けて、私の友人である脳力開発センターの田中社長がアドバイスをしているのですが、この会社の変化は実に示唆に富んでいます。アドバイスを始めて一年たった頃、社長はこうおっしゃいました。

「大久保さん。毎月のように田中社長からご指導いただいてきたのですが、三つある事業部のうちの一つが、大久保さんのおっしゃる〝顧客第一主義の徹底〟を真正面からとらえてくれました。そしてその事業部だけが、この厳しい環境のなかで二ケタ成長を達成しました。実は私も半信半疑のところがあったのですが、お客様のことを第一に考えて仕事をするということは、本当に業績につながるのですね」

聞けば、その事業部は本当に愚直なまでに顧客指向を貫いていました。各種の会議では、「それで、お客様にとってはどうなのだ」という視点をモノサシにして、毎回、真剣な討議が行われているそうです。社長自らおっしゃったように、顧客指向を追求していけば、その結果として業績がついてくることを示した好例と言えるでしょう。

「そのプロジェクトは、儲かるのか儲からないのか」
「経費は、予算内に納まるのか納まらないのか」

多くの企業では当たり前の、こういう話から始まる会議には、現状を根本的に変革する力はないように思います。私に言わせれば、自分たちを主軸に据えた発想はもう限界が見えているのです。

最近は、「執行役員制度」という面白い言葉が流行のようで、この制度を採用してずいぶんと役員の数を減らし、その分役員会の密度が濃くなったとも言われているようです。そのこと自体を否定するものではありませんが、では、そういう役員会にはどういうテーマが上がってきており、何を討議しているのでしょうか。「形」以上に、そのことが問題だと感じるのです。

例えば、営業系の役員を集めた会議などでは、各営業本部の業績達成度の比較、検討が行われます。しかし、役員会や事業部長会議といったレベルのところで、数字を羅列して「どこが目標を達成した」「ここは落ち込んだ」などということに時間をかける意味が、果たしてどれだけあるのでしょうか。それで本当に、業績が上がるのでしょうか。

「役員会の場で目標の未達成を報告するのはみっともないから」

「社長に怒鳴られるのは、嫌だから」

確かに、こうした感情が目標達成の動機になることは考えられます。でも、それで長期戦略に基づいた経営が推進できるとは、到底思えません。第一、「リーダー」として、情けなくはありませんか？

会社組織における実質的な最高の意志決定の場である役員会で、顧客の要望について定期的に討議する仕組みを、率先して作るべきではないでしょうか。

役員会の場で、役員が「お客様のために何をすべきか」を真剣に論議する。真に顧客指向の社風を目指すのならば、まずこういうことから、トップ層が先頭に立って実行することが必要であるように思います。

面白いもので、やってみると視点が変わります。考え方もまったく、変わってくるのです。従来とは違うアイデアが出てきます。異なる対応ができるようになります。

長期的視点に立つならば、必ず業績向上に結びついていくと私は確信します。思い切って

「変えてみる」ことです。

トップは何に時間を割いているか

社風を引き継ぐのも、新しい風土を創造するのも、それを具現化していくのも人間です。人材育成の大切さは前章でも述べましたが、本当に、トップの腰を据えた努力が必要なのです。

ある講演会の質疑応答の時でした。コンピュータ・ソフトウエア会社の社長の方から、質問をされました。

「ソフトの会社にとっては人材がすべてです。ですから、グループリーダーに対しても、人を育てるように、と口を酸っぱくして言っているのですが、なかなか彼らは動きません。どうしたらよいでしょうか」

以下、次のようなやりとりになりました。

「人材育成が重要だと考えるのならば、そのことをきちんと評価して、育て上げた場合には給与に反映するような仕組みを作ったら、いかがですか」

「仕組みとしては、もうそのようになっているのですが……。リーダークラスはなぜか、部下の育成に熱意を注いではくれないのです」

「社長、あなたは本当に人材育成が大切だと思って、必要なことはすべてやっていますか？」

「人がすべてだと思うからこそ、業務目標に位置づけ、評価項目にも入れています。もちろん、給与にも反映するようになっていますし。これ以上、どうしたらよいのでしょうか」

「ではお聞きします。そのグループリーダーを集めた会議の席上、彼らに対して、どこまで人材を育成したか、誰が伸びたか、誰々の力をもっと引き出すためにはどんな課題があるのか――といったことを、あなたご自身で確認なさっていますか？　たぶん、そうした具体的なことは論議になっていないのではないですか？　毎回のレビューは、売り上げはどこまでいった、あのプログラム開発はどうなった、という〝業務関連〟に限られているのではないですか？」

これは、図星だったようです。よくあるパターンなのですが、口では「これが一番大切だ」と言いながら、本音の話になると、別な「もっと大切なもの」が顔を出すのです。

社長にとって本当に大切なのは何なのか、社員には手に取るように分かります。会議の場で「売り上げ」「業務の進展」に最も時間を割き、力を込めていれば、幹部社員も「人材育成」に力を入れないのは、当然ということになるでしょう。

やはり何にどれだけ時間をかけているかが、その人の本音の現れであるということです。

善し悪しは別にして、下は必ず上の動向を見ています。ですから、この会社の場合は社長が身をもって人材育成の重要性を行動で示せば、すなわち、例えば会議でそのことを中心にしたレビューを繰り返していれば、人を育てる組織に生まれ変わって行くはずなのです。

言葉は思考を規定する

先ほども述べたように、特に営業部門の会議においては「売り込め」「囲い込め」「何とか落とせ」などといった発言が頻繁に飛び交います。しかし、トップから現場まで、このような言葉を疑いなく使っているうちは、顧客指向の社風など、夢のまた夢といえるかもしれません。

なぜなら、「主人公」であるお客様は、「無理やり売り込まれたい」とも、「囲い込まれたい」とも、ましてや「落とされたい」とは、微塵も思っていないからです。

お客様が考えているのは「自分に価値を提供して欲しい」「満足を与えて欲しい」ということ。真に顧客の立場に立つのなら、「売り込む」ではなく「ご提案」、「囲い込む」などと言わずに「さらに理解していただき、関係を深める」と表現する——例えばこのような「気の遣い方」ができるはずなのです。

「表面を取り繕って、何になるのだ」というのは、ある意味、正論。確かに言葉に実体が伴わなければ、単なる慇懃無礼で終わってしまうでしょう。

しかし、言葉が意識を決定するのもまた事実なのです。常日頃どんな言葉、表現を使っているのか、これは一般に考えられている以上に、大事なテーマだと思います。

顧客の呼び方ひとつ取ってみても、いろいろな表現方法があります。

かつての日本アイ・ビー・エムの例をご紹介すれば、「顧客」「お客」「客」「アカウント」

「カスタマー」「ユーザー」「クライアント」……。ざっと、こんなところでしょうか。

その後、「お客様満足度向上委員会」の場で、そのものズバリ「お客様」に統一しようということが決まり、現在もこの表現一本で通しています。社外向けはもちろん、社内の会話や文書もすべて、お客様。

ちなみに、このことが決まる前に社内で一番使われていたのが、アカウントという表現。「勘定科目」です。顧客を勘定の対象としてみるというのは、大変「正直」なことかもしれませんが、やはり正しくありません。この言葉を使っているときは知らず知らず、お客様よりもその支払いの方に、関心が行っていたかもしれません。

経営層が「お客様」と言わず「客が……客が」と言っている企業では、顧客の視点に立った経営は絶対に実現不可能でしょう。

顧客第一主義を掲げる会社に最もふさわしいのは「お客様」だと思います。反対に、なぜこの表現が使えないのか。その辺を探っていけば、病根を明らかにできるかもしれません。

日本アイ・ビー・エムが「お客様」に統一したのは、ちょうど顧客指向への変革を模索し始めた時期であったことを申し添えておきたいと思います。

顧客重視の人を登用する

企業は、人です。その重要性を「人材育成」という観点で述べましたが、もうひとつ重要な要素があります。それは人事です。

どういう人に場を与え、重要な仕事を任せ、そして登用、昇進させていくのかには、トップの考えが如実に現れます。これこそ、言葉では覆い隠せない、本音の世界です。

能力や仕事の中身を無視して、自分に尻尾を振る人間だけを重用していれば、やがてその組織は崩れます。

そこまで行かなくても、常日頃顧客指向を声高に叫んでいながら、いざ組織の変革、人事となると、お客様には目もくれずその場の業績を上げた人間を昇進させる、というのでは説得力ゼロです。

社員からみれば「やっぱり愚直にお客様のことを考えていても、偉くはなれない。顧客からのクレームをものともせず、多少強引にでも売り込んだ方が、高い評価を得るのだな」ということになります。

こうなってしまうと、たとえ他でどんなに努力しようとも、すべて徒労に終わるでしょう。ですから、本気になって、「お客様のために」を実践している人間をこそ、登用していくことが求められます。これが顧客重視の社風を確立していく、遠いようで最も近い道であると私は確信します。

残念ながら、多くの企業では、常にお客様のことを考えて仕事をしている人が順調に昇進するという形には、必ずしもなっていないように思えます。むしろ、こういう「いい人」は、出世レースで取り残されることが多いのではないでしょうか。もちろん「いい人」というだけでビジネスができるわけではありませんが、従来のような「仕事ができる」タイプだけで生き残っていける時代ではなくなっていることも、考慮に入れる必要があるのではないでしょうか。これまでは業績への寄与という点で見劣りしていたとしても、これからも同じとは限らないのです。

上から見た評価と下から見た評価はまったく異なることが多いものです。そして顧客から評価させたとき、その差はもっと拡がるかもしれません。

そういう人を大切にすれば、「トップは決して数字だけを評価基準にしているのではないのだ」ということになります。組織は自ずと、顧客重視の方向へ動いて行くでしょう。

繰り返します。経営トップの社員への最大のメッセージ、それは年頭所感でもなければ、社内報に載せる「檄文」でもありません。人事なのです。

これを見れば、経営トップの言う顧客指向が本物なのかそうではないのか、一目瞭然なのです。

顧客満足度調査の活用

企業の側がどんなに主体的に努力してみても、所詮、相手（お客様）に評価されなければ、意味がありません。自分たちの頑張りが相手には通じない。現実には大変多いことなのです。

お客様の満足の程度は、いったいどのくらいなのか。この点は、正確かつ客観的にとらえておく必要があります。

ＩＳＯでも、いかにして顧客の満足を図るか、という項目がひとつの基準に入ってきました。「お客様の満足」も、世界基準になってきたわけです。

客観的な評価に欠かせないのが、「顧客満足度調査」。これを活用して、相手と自分の実際のギャップを認識する、あるいは改善可能領域を理解して、より高い満足度を目指していくことが大切だと思います。

ただし、本当に調査の結果を経営に生かしていくためには、前提としてその結果を真摯に、素直に受けとめる態度が求められます。

あくまでも「調査」なのですから、それを活用するのだという経営トップ層の戦略的な意志が込められていないと、効果は半減してしまうのです。

結果を謙虚に受け取る気持ちがない時には「こういう数字が出てくるのは、調査の仕方に問題があるからではないのか」とか、「項目の組み合わせを変えれば、もっとよい結果が出るはずだ」という意見さえ出てきます。こうなるとまったく、本末転倒。何のために時間とお金をかけて調査したのか、分からなくなってしまいます。

悪い結果は、悪いなりに受け取って、なぜそういうことになっているのかをすぐに検討してみればよいのです。

もうひとつ。満足度調査では、いわゆるフリーコメントを丹念に読むことが大切です。ぜひ、トップ自らが目を通すべきです。そこには、多種多様な苦情や要望、意見が書かれているはずです。ある点については似通った声が多数、寄せられているかもしれません。

評点部分には一喜一憂せず、長期的な傾向を見ると割り切るのがベター。一方、フリーコメントは、まさに自社を変えるためのヒントが含まれた宝の山なのです。読み飛ばす手は、ありません。

かつて日本アイ・ビー・エムにも、〝売り上げ至上主義〟の時代がありました。当時から顧客満足度調査は実施されていたのですが、その結果を現場のマネジメントにフィードバックしても、文字通り一顧だにされない、という状況でした。

「あっ、そう」

この一言でおしまいです。毎年毎年、同じような否定的なコメントが記されていても、誰も心を痛めない。一瞥されただけで、後はゴミ箱行きの運命でした。

なぜか。調査結果など、誰も重要に思っていなかったからに、ほかなりません。

しかし、顧客重視の風が吹き始めてからは、満足度調査の扱われ方が百八十度、変わりました。

例えば、新しい事業部長が就任すると、当然お客様に挨拶回りをするわけですが、以前だと、事前の打ち合わせは「ここには何をどのくらい納入しているのだ。今年はどのくらいの目標を持っているんだ。そのためには挨拶に行ったときに、どういうロジックで話をすればいいのだ」といったテーマが中心でした。

これが、「このお客様の、昨年の満足度調査の結果を見せて欲しい。どのような改善要望をいただいたのか。それに対して、一年間、どのように応えてきたのか。そうした対応に、お客様は満足されているのか」というふうに、なったのです。マネジメントの姿勢の違いを、理解していただけるでしょうか。当然、訪問先での話の中身も、まったく違ったものになるでしょう。

このようなことの積み重ねが、お客様重視の社風を創り上げていくのです。

誰も予想できなかった調査結果

企業と顧客の間には常にギャップがあることを意識しなければならないと、申し上げました。大変教訓的な実例を、ご紹介したいと思います。

埼玉県の春日部に三州製菓という、老舗のお煎餅屋さんがあります。社員六十名、パートタイマー二百名の会社です。この会社の斉之平伸一《さいのひらしんいち》社長は、日本経営品質賞の精神、アセスメント基準を学ぶなかで、「やはり、お客様の声を直接、聴いてみなければダメだ」という結論に至ります。同社が作っている煎餅は、どちらかというと「こだわりの味」を追求したもので、製品を卸している先は、いわゆる専門店。こうしたお店に対してアンケート調査をしてみよう、という決断を下します。

しかし、現場の反応は否定的でした。毎日のように顔を出して、売り込みを図っている営業マンにしてみれば「どうせ、製品の値段が高いとか、品揃えを多くしろとかいう声が返ってくるに違いない。そんなことは、いつも自分たちが聞かされていることで、わざわざアンケート調査をする意味はない」、翻訳すれば「頭ごなしにやられるようで、何となく面白くない」というわけです。でも、斉之平氏の「直接、声を聴く」という意志は固かった。

そして、アンケートの結果。そこには現場の営業マンも斉之平氏自身も、予想だにしていなかったことが書かれていました。「専門店として、これからどのように経営を安定させて行ったらいいか、アドバイスして欲しい」という要望が、大変多かったのです。

店の側は、商品がどうのこうのよりも、むしろそれをたくさん売って業績を上げるためにはどうしたらよいのかという点に、中心的な関心があった。営業マンと一対一で話をするときには出てこない〝本音〟が、そこには綴られていました。相手は自分たちの想像とはまったく違うことを考えていたのです。

同社ではまた、通信販売で直接煎餅を販売している、一般の消費者に対してもアンケート調査を行いました。これも、事前の想定は「商品価格が高い、という声が多いだろう」というものでした。ところが、実際に一番多く寄せられたのは煎餅の値段ではなくて「送料が高すぎる」という意見だった。〝懸念〟された商品そのものの価格については「こだわりの煎餅なのだから当然だ」という声も、行間から読みとれる結果だったわけです。

三州製菓ではこの調査結果を踏まえて、送料を引き下げました。

さらに面白いのは、これは満足度調査ではないのですが、お客様の声を聴くことの重要性に確信を深めた斉之平氏が、「お客様相談センター」をつくったときの話です。担当者は専任で一名でした。

この組織を提案したときには、今度はほとんど全社員から反対を受けました。高級なお煎餅ですから、一枚一枚が袋に入っている。そのすべてに「０１２０……」で始まる「相談センター」の電話番号が印刷されるわけですから、全国各地からどれだけクレームが寄せられるか、想像もできない。社員が百名にも満たない所帯です。「とても対応できない」という反対論は、常識的なものかもしれません。

ところが、この場合もフタを開けてみると、やはり斉之平氏さえ予想できなかった結果が待っていました。クレームは全体の一割以下。多くは、何と「このお煎餅は、どこに行ったら買えるのですか？」という、問い合わせだったというのです。

センターには、急遽、全国の販売店マップが用意され、こうした問い合わせに迅速に対応できる態勢がとられました。商品の売り上げ増に結びついたことは、言うまでもありません。

この会社の経験は、いかに顧客の生の声を聴くことが大切か、ということを雄弁に物語っています。あれこれと主観的に考える前に、お客様に聴いてみる、行き詰まったら市場に問うてみる、こうした姿勢が何にも増して大事なのです。聴いてみて、聴き方に問題があると感じたら、変えて行けばよいのです。

お客様は、自分たちとは違うことを考えている――このことを前提に、経営に当たるべきだと思います。

「顧客満足度調査などに示された声を実際の経営に生かす」というときに、指摘された項目について、それらを仕事のやり方とか手続き、プロセスの改善に、具体的につなげていくことが大切です。社内の業務プロセスの改善を、「これはお客様の声に基づいてやるのだ」「お客様が満足されていないのだから、今のままではダメなのだ」というふうに動機づけられるようになれば、素晴らしい。これこそ、満足度調査の究極の活用法と言えるでしょう。

たとえて言えば、こうしたプロセスの改革においても、会議での意志決定においても、顧客の声を〝水戸黄門の印籠〟のように位置づける。「お客様第一」と書かれた印籠の中には、実際に集めた要望や提言がいっぱい……こうなれば、「当社は顧客第一主義の会社です」と胸を張ってよいと思います。

ところが多くの場合には、「この印籠が目に入らぬか！」と言って差し出されたものには、「売り上げ」「儲け」「業績アップ」「上司の立場」などの文字が書かれています。これでは顧客重視の社風を築くのは難しい、と言わざるをえません。

とにかく、調査をやってみる、そして結果を素直に受けとめる、まずここから始めるべきだと思います。

「お客様相談センター」を戦略部門に

三州製菓の例でも触れた「お客様相談センター」。その名の通り、顧客にとっては商品やサービスに対する苦情、意見などを言いたいときの「窓口」です。企業がこの窓口を通じてなすべき第一義的な仕事は、述べてきたように、寄せられた意見に真摯に耳を傾け、早急に対応すべき問題については速やかに手を打つことです。

同時に、そこには顧客の情報が、多数集まって来ます。このまさに生の声を丹念に収集すれば、どれだけ経営に役立つことでしょう。

クレームに対応するのが大好きだという人は、たぶん、いないでしょう。ただ、ものは考えようです。こちらから聴きに行かなくても、アンケート用紙を配らなくても、お客様が時間を割いて自分たちの至らない点を指摘して下さる――そのようにとらえることも、できるのです。

お客様にしてみれば、その商品なりサービスに「期待」があったからこそ、購入したのです。ところが、その期待を裏切る〝何か〟があったから、わざわざ、電話をかけて来る。クレームは、指摘する方も、必ずしも心穏やかではないでしょう。

にもかかわらず、主体的に「苦情を寄せて下さる」のです。そのことで、足りなかった「何か」を知り、これを克服できれば、「もっとお客様の期待に添える」「もっと価値を提供できる」。言い方を変えれば「もっと売れる」商品やサービスが、提供できるかもしれないではありませんか。

ところが、残念なことに多くの企業の実態は、「今は相談センターぐらいないと、格好がつかないから」といったレベルにとどまっているような気がします。そして、こういう企業においては、相談センターは、置かれている場所も人事面でも、いわば〝窓際〟の扱いをされていることが、ほとんどではないでしょうか。

センターがあるのは、〝離れ小島〟、人材もどちらかというと他の部署でうだつの上がらなかった人の、寄り合い所帯。辺鄙なところにあれば、そこに足を運ぶ人は少ないでしょう。中で働く人も「どうせ、〝流された〟のだから……」というのでは、そこで顧客情報を収集しようなどというのは、無理な相談です。会社にとってまたとない財産であるはずのお客様の声は、生かされることなく捨てられることになるでしょう。

この逆を行っている会社のひとつが、昨今急成長して注目されているアスクルです。ここでは、お客様と直に接する「受注センター」という部署が、「物理的に」事務フロアーの真ん中に置かれています。その周囲を総務、人事、企画など他の部門が取り囲んでいる。「お客様の声を中核に据える」ということを、事務所のレイアウトにまで具現化しているのです。

これならば、他の部門の人は気軽にお客様の動向を聴きに行くことができます。いやでも耳に飛び込んでくる、と言った方がよいかもしれません。これは、とても大切なことなのです。

本気で「お客様を軸に」「お客様を起点に」経営を行おうとするのであれば、お客様相談センターを、単なる窓口にとどめることなく、そこに寄せられた声を分析し、より本質的な問題を感知し、さらにそこから新しいビジネスの芽を育てる戦略部門として位置づけてみたら、いかがでしょうか。そうなると当然、そこで実際にお客様と応対する人間の役割も、極めて重要なものになります。

私は九二年に、ＣＳ部門に配属になりました。相談センターではないのですが、やはり「お客様の満足」にかかわる仕事です。

社外の、関連するセミナーなどにいくつか顔を出したのですが、そこでいろいろな企業の担当の方にお話を聞いてみると、共通していたのは、相談センターやＣＳ部門に自ら手を挙げて来た人はいない、ということでした。そしてこの部門に配属されたことで自分の会社員人生は終わったと思っている方が、ほとんどだったのです。

「いよいよ相談センターですか。長い間ご苦労様でした」というわけです。

私自身、「現場が長くて疲れたでしょう。ちょっと一休みですね」という趣旨のことを言われた覚えがあります。日本アイ・ビー・エムでもＣＳが重要視される前のことですから、決して肯定的にとらえられることはありませんでした。

やはりこれでは、駄目なのです。相談センターや、ＣＳ部門を中核に置き、人事面でも抜本的に強化する。組織の中核には、それにふさわしい人間を座らせる必要があると思います。

役員会のテーマを顧客第一に、ということを先に申し上げましたが、月に一回ぐらいは相談センターの責任者が会議に出向き、過去一カ月間に顧客からどんな要望があったのか、といったことを報告し、論議するような仕組みが欲しいものです。

役員会に限らず、相談センターの責任者は開発、生産、営業、あらゆる部門の会議に出掛けて行って、「お客様の生の声はこうだ。だからこれに応えて欲しい」と積極的に発信する役割を担うべきなのです。窓際どころか、本来最も「強い」立場で話ができる、いや、顧客指向を標榜する企業であるならば、本来そうでなければならないはずなのです。

他の部門は反対に、ここを顧客情報の収集拠点として最大限活用すればよいのです。例えば、開発部門の担当者は、新製品の基本設計やデザインをする時にまずここに足を運んで、いろいろな話を聴く。製品開発に、決してマイナスにはならないでしょう。相談センターを戦略部門として位置づけるとは、こういうことなのです。


もちろん、顧客の情報が集まるのは相談センターに限りません。日々お客様と接している営業マン、保守点検サービス部門の人間……。

ある家電メーカーで、アドバイスをしたことがあります。

一般に家電の保守サービスの担当者は、製品を納入したり、故障を直しに行ったりというのが仕事。その時、お客様の家に「上がり込んで」直接、説明をしたり、要望を聴いたりしているわけです。考えてみると、彼らのところには、製品に対する膨大な量のお客様の声が、集まってきているはずなのです。「商品説明をしながら」「不具合を直しながら」の会話ですから、そこには製品の改良や、開発に結びつくヒントがふんだんに盛り込まれていることでしょう。

では、開発担当がこういう保守サービスマンの意見を聴きに行っているか、一緒になって商品開発に取り組むかというと、なかなかそうはいきません。技術者はどうしても〝象牙の塔〟に籠もりがちです。これは、もったいない話ではありませんか。

そう考えて「開発と保守が協力する体制を作ったらいかがですか」と申し上げたのですが、反応は、やはりこうでした。

「商品開発になぜ、そういう人たちを入れなければならないのか」

「大事な秘密が、バレてしまう」

そこには、プロダクトアウトの発想しか、ありません。

「自分の使いたい技術を使って、自分の作りたいものを作る」。開発者にはある程度、こうした考え方が必要であることを、否定はしません。そうしたこだわりが、大ヒットに結びつくこともあるでしょう。でも、最終判断を下すのは、あくまでもお金を出して商品を購入するお客様であるということを、忘れてはならないのです。

先ほどご紹介した三州製菓には、おもしろい教訓がもうひとつあります。ある時、技術者が考えに考えた末、製法特許まで取れる煎餅を「開発」しました。「これは素晴らしい」ということで勇んで発売したところ、これがまったく、泣かず飛ばず。結局、市場からは消える運命でした。

製法は、あくまでも手段に過ぎない。お客様は目の前の製品やサービスを見て、評価を下すのです。

潜在需要はつかめるのか

ただし、注意すべきことがあります。逆は必ずしも、真ならず。お客様を無視していては何も分かりませんが、その声を集めれば市場のすべてが分かるというわけではない、ということです。

よく、講演の際の質問で寄せられるのですが、「いくらお客様の声を聴いても、ヒットしそうな商品の要求というのは、出てきません。聴き方に問題があるのでしょうか？」

私の答えは、次の通りです。

「潜在需要を事前につかむことは、ほとんど不可能です。今までのヒット商品と呼ばれるものは、市場に出してみたら予想外に売れた、というパターンがほとんどです。これに関しては、こうすれば前もって分かるというハウ・ツーはない、としか申し上げられません」

ヒット商品の代名詞といってよい、ソニーのウォークマン。当初の「再生機能しかないテープレコーダー」には、みんなが度肝を抜かれました。あれが、市場調査をすれば網に引っかかって来るかといえば、私は来ないと思います。

例えば、アサヒビールでは将来の顧客の嗜好をつかむことを目的に、小学生クラスを対象に飲み物に関するデータの収集を行っていると聞きました。これなどは、何とか先を読もうという、具体的な取り組みだと思います。ただし、それによって結果的に先読みに成功したかどうか、その時になってみなければ誰にも分からないのです。

とはいえ、なぜ潜在需要がつかみにくいのかについても、検討を加えておく必要があります。

一例をあげると、最近のヒット商品に、排気の出ない掃除機というのがあります。三洋電機が最初に発売したのですが、同社が前もって行った調査では「音が静か」「吸引力が強い」というのが掃除機に対する要望の上位に来ていました。うなずける結果です。

実際、ここのところが技術開発の主戦場になっていたように思います。しかし、あえてそこから離れたニーズをターゲットにした、排気の出ない掃除機は高価格にもかかわらず、飛ぶように売れました。

まさにコロンブスの卵で、できてみれば当然とも思える「不快な臭いのする排気が出なければいい」という要求は、なぜアンケートに現れてこなかったのでしょうか。「誰もそんな掃除機ができるとは思わなかった」ことが、おそらく最大の理由だっただろうと思います。

不可能に思えることはいくらよいと感じても、最初から具体的な要望には、なりにくいのです。

ただ、押さえておかなければならないのは、ウォークマンにしろ、新型掃除機にしろ、プロダクトアウトの発想から生まれたものではない、ということです。「好きな音楽を、どこでも聞けたら」「排気のない掃除機があったら」というお客様の隠れたニーズにマッチする商品開発を実行に移したからこそ、ヒット商品になりえたのです。

潜在需要を呼び覚ます商品の開発――最後はお客様が欲していること、現実に困っていることをキャッチする感性、想像力の勝負になるのでしょう。お客様のことなど眼中にない、プロダクトアウトの発想に凝り固まっている限り、そうした想像力を磨くことなどできないのも、事実であろうと思います。

顧客の声を把握し、生かす仕組み

組織の中で、上司が部下の言うことをしっかりと聴くことの重要性についてはすでに述べましたが、この「聴く」という行為の大切さは、企業が顧客に対する時にも言えることです。顧客重視の社風を創るうえで、欠かせないテーマです。

相談センターの担当者はもとより、営業現場の社員でも、お客様と相対したときに本音を聴き出す能力が求められるのです。大事なのは説明することよりも、むしろ聴くことなのです。

やり手の営業マンといわれる人の中には、とにかく話が上手で、お客様の前に出ると立て板に水、相手にしゃべる隙を与えない、というタイプの方がいます。こういう方は、確かにその場の営業成績は悪くないのかもしれませんが、お客様に関する情報を得ることは、ほとんどできません。お客様を理解することも、たぶん、できないでしょう。こういう〝古いタイプ〟の営業マンが活躍できるステージは、だんだん狭まっているはずです。

本当にこれからの時代に求められる営業マンというのは、実は「相手の言うことをじっくりと聴く」、そして「相手に本当に言いたいことを言わせる」ことができる人間なのではないでしょうか。

お客様は、いつも本心を語ってくれるとは限りません。うわべの言葉だけでは本当の顧客の声とは言えないのです。

ですから、本音を引き出すためには聴く能力を向上させなければならないのです。ここで必要になってくるのが、「聴くためのトレーニング・プログラム」を作り、実際にトレーニングすることだろうと思います。

トップ自らが顧客満足度追求の範を垂れる

飲料メーカーと自動車メーカーが引き起こした不祥事は、何に起因しているのでしょうか。

その原因は一つではなく、いろいろと要因は存在すると思いますが、基本はまさに企業風土にあるのではないでしょうか。

お客様の苦しみや不満は、直接現場に出向かないと、真実を体感するのは難しいでしょう。頭で理解しているのと、五感で把握しているのとでは、まったく理解度は異なります。

たとえて言えば、暖かい部屋の中から窓越しに、吹雪の中を歩いている人を見ている立場の人と、実際にその中を歩いている人との差です。

目で見たことを頭の中で理解し、「大変な寒さはよく分かります」などと言っても、所詮頭の中に過ぎないのです。

いくらお客様からの声を受ける人を増やしても、企業を変えることは不可能でしょう。

自動車メーカーには、お客様や販売店から「車がおかしい、是非調べてほしい」との要望が多数届いていたと言います。そしてそれらに対し何の返答もしなかったようです。

お客様や現場の声の優先順位は、他の社内の仕事より遥かにそこでは低かったわけです。

ここの考え方、姿勢を根底から変えない限り、いくら表面の仕組みを変えても何も変わることはないでしょう。

お客様の方に目を向けた風土を作るには、まずトップ層自ら率先垂範することです。

飲料メーカーの方は、管理者がお客様や販売店に頭を下げて回ったと聞いています。

一方、自動車メーカーの方はどうでしょうか。

一軒一軒のお客様を回り、罵倒されながらも必死に頭を下げて回ったのは、まったく何の責任もない販売店の営業マンです。

これではメーカーがお客様の真の痛みを感じることはできません。

お客様の厳しい声に直接触れるのは、メーカー本社の人間がなすべきことだったのではないでしょうか。

トップ以下本社部門の全管理者が手分けして、ユーザーにお詫びして回っていたらどうでしょうか。今と事態は随分変わっていたように思えます。

日本人の特徴の一つとして、心から詫びた人は許し、応援する風土があります。

この時にたくさんのファンを作ることができたかもしれないのです。

それ以外に、今後の改善のヒントになる素晴らしいご意見や要望を、直接伺うことができたかもしれないのです。

また販売店のトップでなく営業マン一人一人に「私たちの間違った行動により、皆さんにご迷惑をかけて申し訳ない」と同じく詫びて回るべきだったような気がします。

そうすれば、きっと今まで以上に販売に力を入れてくれたことでしょう。

災い転じて福となす、大いなる機会であったというのは言いすぎでしょうか。

もしお客様を中心に考えることができたとしたら、これらのことは何も突飛なアイデアでもなければ、できないことでもありません。

極めて自然の行動です。

このようなことを実践することは、取りも直さず、「顧客重視の風土」を創っていくことにはならないでしょうか。

もう一度、率先垂範の重要性

顧客指向の会社にしていくうえでの最高責任者は、言うまでもなく経営トップ、その人です。それも、「最終的に責任を持つ」といった〝引き気味〟の姿勢では不十分で、自らボールを奪い、部下を従えてゴールに迫る、まさに率先垂範が要求されています。

何度も例に出したように、日本アイ・ビー・エムの北城さんは、分刻みの忙しさの中で、顧客満足度調査のフリーコメントにすべて目を通し、それだけではなくて「これは」と思うものには自らの意見を添えて、現場に戻していました。

現役の経営トップでここまでお客様の声に〝執着〟なさっている方が、どれくらいいらっしゃるでしょうか。

アサヒビールの樋口氏は、社長就任と同時に専売店をまわり、いかに現状が酷いのか、同時にそんな中でもアサヒを応援してくれる人がいかにたくさんいるのかを、実感したとおっしゃっています。率先して現場の声を聞いたことが、その後の社内変革に役立ったはずです。

「注文したら、あした来る」ところから名付けられたアスクルの岩田社長は、CS経営のカリスマと言ってもよい人物です。ある時、「あした届ける」とうたっていながら、商品が届かなかったことがありました。調べてみると、届かなかったのは在庫切れが原因でした。それを知った岩田氏は、他の販売店でその商品を購入し、自ら苦情を寄せたお客様に届けたそうです。ちなみに、その商品とはボールペンでした。若い会社でありながら、「伝説のサービス」と称されています。

どれも素晴らしい、率先垂範の例だと思います。

「変化の時代」そして「顧客第一主義」を中心テーマに述べてきましたが、この本を執筆中にも、いくつかの「変化」を目の当たりにしました。

過日、あるお医者さんたちの全国規模の集まりで、講演をさせていただきました。今まで民間企業以外では、いくつかの自治体に出向いて話をしたことはあるのですが、医療関係の団体は初めてです。正直申し上げて、こういう場に私のような人間が招かれること自体ちょっとした驚きで、同時に企業をベースに置いた話が果たして「通じる」のだろうかという、思いもありました。

しかし、みなさん真剣に耳を傾けて下さり、懇親会の場では何人もの方から、再度の講演依頼をお受けすることができました。医者の世界といえば閉鎖的で、どちらかというと「高圧的」だというイメージが強いことは否めません。事実、何年か前までは私が講演に引っぱり出されるなどということは、考えられなかったはずです。

でも、本当に驚いたのはここからで、実はその集まりには厚生労働省の課長さんが、やはり講演者として出席なさっていました。その課長さんが私のところに近づいてきて「大久保さん、あなたの話はとても参考になりました。ついては、今度うちで講演をしていただけませんか」とおっしゃるのです。これには、周囲にいた方々も、本当にびっくりしていらっしゃいました。「官僚主導から消費者主導へ」「お役所の逆をやれ」と、本書でも「官」をさんざん悪者扱いしてきたのですが、その世界でも「このままではいけない」「何とか変えよう」という動きの片鱗が、見えはじめているように感じます。

小泉内閣誕生以降、社会も経済も「変革」がキーワードになりました。ただ、何でも今までと違うことをやればよい、ということではないと思います。自分たちはどこを向いて、誰のために「仕事」をするのか、価値を提供していくのか、という視点をもう一度確認し、それを基準にして変えていかなければならないのです。

すなわち、政治や官僚は「国民」のため、自治体は「住民」のため、医者は「患者さん」のため、そして、企業は「お客様」のため――。

確かにそれぞれの企業経営の現場で直面している課題は、一朝一夕に解決できる種類のものではないのかもしれません。しかし、あれやこれやと考えていても、たぶん、名案は浮かびません。シンプルに考え、そして実行することこそが、変化の時代の処世術なのではないでしょうか。

すべては、お客様のために——。

第五章まとめ

お客様を大事にする風土は、これからの企業力です。

何か事が起きたとき、何を先に考えますか。
会社のルールですか、上司の顔ですか。
それともお客様の心情ですか。

社員の判断の軸はどこにありますか。
まずお客様、次に会社全体、自分の組織、自分、
この順でなければなりません。

上下の会話はフランクに、本音で行われていますか。
現場の意見は上まで通っていますか。
縦割り意識を排除し、チームワークで事に当たっていますか。

お客様の満足度を上げるための討議を、どれだけしていますか。
経営幹部もお客様の意見を、生で聴いていますか。
お客様相談センターは重要視されていますか。

商品やサービスを考えるとき、
販売提案を考えるとき、
常にお客様の立場で考えていますか。

お客様を大事にする風土を持った企業こそが、
人と企業の真の価値を高めることができるでしょう。

おわりに

本論で、これからは真の経営者が求められる時代であると申し上げましたが、外資系日本法人のトップを歴任された、まさに数少ないプロの経営者である新将命《あたらしまさみ》氏が次のように語っておられます。

「外資の経営をいくつかやってきて分かったことがあります。それは優れた経営をやっている企業の本質は同じであり、原理原則がある」ということです。

1. トップの心の中に燃えるような情熱があること
2. 従業員が仕事の意義・目的を理解していること
3. 生きた計画があること
　長期計画、短期計画のバランスがとれていること
　主要な人が計画立案に参画していること
　進むべき方向のコミュニケーションがとれていること
　事後評価とフィードバックによる学習と改善がなされていること

以上の項目が顧客視点に立脚しているとき、組織は間違いのないものになるでしょう。

百年に一回の大変革と言われているこの時代に、自分が生きて遭遇できたことを幸せに思います。

変化の流れに対して受け身に回らず、時代の変革を生み出す方に回れば、こんなに楽しい時代はないでしょう。


いつもながら多くの方のご支援のお陰で、この本を送り出すことができました。

いろいろな素晴らしい事例を惜しげもなくご紹介していただき、また文章のチェックまでして下さった脳力開発センターの田中社長、文章のまとめをお手伝いいただいた南山武志さん、編集を担当していただいた中央公論新社の杉山節夫さんにこの場をかりて感謝申し上げます。

この書が、皆様が二十一世紀に勝ち残るためのヒントの一つでもご提供できれば幸いでございます。

平成十三年九月一日

人と経営研究所　所長　大久保寛司

解説

北川正恭

一

私は一九九五年から二期八年間、三重県知事として県政を担った。初めて県庁に着任した日のことは、今でも忘れられない。幹部職員に、「三重県をどう改革していくのか、プランがあったら見せてほしい」と依頼すると、ほどなく分厚い書面を差し出すのである。その「事務能力の高さ」には正直驚いたが、読み進むうちそれは失望に変わった。何のことはない、半年前に当時の自治省が出した「行政改革を推進するための指針」という事務次官通達の〝三重県版〟。いわゆる量的削減を羅列しただけの代物で、誤解を恐れずに言えば、国に対して「これだけ具体化しましたよ」と説明するための書面だったのである。

中央集権から地方分権へという時代背景を強く意識し、その必要性を県民に訴えて知事になった私は、当初から国お仕着せの「行政改革」などではなく、主体的、抜本的な変革が必要だと考えていた。三人の幹部の前で「こんなのダメだ」と、それをゴミ箱に投げ入れた瞬間から、私の戦いは本格的にスタートした。知事に〝上げる〟書類は「完成品」であり、作り直しを命じられるなどまったく想定していなかった職員は真っ青である。そんな彼らに何時間もかけて語ったのは、「改革の基本的な視点は〝削れる部署や予算を見つけ出すこと〟などではなく、〝サービスの受け手である県民の満足度を高めるために、やるべき施策を実行に移すこと〟にこそある」という発想。すなわち、「生活者起点」の徹底だった。

公務員が生活者起点で行動するのは、当然のことのように思えて、なかなかそうなってはいない。着任時の三重県も、「中央官僚の考えたことを、黙々と実行することこそが地方自治体の仕事」というのが常識の世界だった。例えば、県民のために道路インフラの整備に意欲を燃やす優秀な土木部長は、「なぜ三月に道路工事が集中するのか?」という私の問いに対して、当然のごとく「年度末だからです」と返答した。そこにあるのは、これまでの慣習や事実を前提とした考え方でしかない。しかし、生活者起点に〝立ち位置〟を変えれば、「四月から八月の夏枯れの時期にやったほうが、人件費も資材費も安くつく」ということに思い至るはずなのである。改革のエネルギーの大半は、この「職員の立ち位置を変えること」に費やされたと言っていい。それぞれの部門、現場で「県民の満足度向上のために」というスタンスさえ決まれば、それにふさわしい政策は自ずと出てくる。だから私は、はじめに政策ありきではなく、真に県民のために働ける人や組織づくり、その実現を目的としたシステム、プロセスの確立に力を入れたのである。無論それは、一筋縄でいくようなものではなかった。

本書の著者、大久保寛司さんは、そうした〝県庁改革〟の推進に、なくてはならない役割を果たした人物である。コンサルタントとして、県庁職員の意識改革をお願いしたのは、私の考えが県庁内部に徐々に浸透する一方で、それに対する戸惑いや反発も顕在化するといった、手応えとともに「変えること」の困難性も強く認識せざるをえない時期であった。私の挑戦を理解し、しばしば泊り込みの話し合いさえ厭わずに職員と膝を交え、着実にその発想を変えていった大久保さんは、一コンサルタントというより改革のパートナー、同志と呼べる存在だったのである。

「北京で一羽の蝶が羽ばたくと、ニューヨークでハリケーンが生じる」。蝶の羽ばたきのエネルギーはわずかなものだが、それらが集まり共鳴するとハリケーンを起こすという、科学の世界で「バタフライ・エフェクト」と言われているたとえ話を、私は好んで使う。六〇〇〇人の県庁職員を六〇〇〇羽の蝶にして羽ばたかせるのが、私の目標であった。そうなれば、三重県は確実に変わるという確信があった。

本格的な改革に取り組み始めてから数年後、ある幹部職員にこの話をすると、「知事、三重には一八六万人の県民がいます。一八六万羽の蝶を飛ばしましょうよ」と発言した。知らぬ間に、ここでも一羽、蛹から蝶に成長を遂げていた。紙数に限りがなければいくらでも同じような例を挙げたいところだが、大久保さんの豊富な経験、実例に裏打ちされた親身のアドバイスがなかったら、おそらくごく短時間にこうした劇的な変化が生まれることはなかったのではないかと、今でも思っている。

二

「生活者起点」の精神は、本書を貫くテーマである「顧客指向」「顧客視点」の考え方そのものである。この「顧客指向」、大半の企業は社是社訓や経営理念に掲げている。しかし、実際の経営においては、それは形骸化され、言葉だけのものとなっているのではないか。「そんなことはない」と反論する経営者は、本書での大久保さんの指摘を、どう受けとめるだろう。

例えば、中堅企業の経営者ばかり百名ほどを集めたセミナーでのこと。「〝お客様第一主義〟やそれに近いことを、経営理念などにうたっていますか?」、「経営会議を売り上げの報告から始めるところは?」。この大久保さんの問いかけに対して、ともに参加者全員が挙手したのである。

この結果から分かることは次の二点。第一に、ほとんどすべての企業は経営理念として〝お客様第一〟をモットーとして掲げている、しかし第二に、実際は〝売り上げ第一主義〟を実践している、ということです。すなわち、理念と現実が食い違っているのです。(「顧客

中心」の経営とは）

会社の方針を決定する経営会議では、社にとって重要な事柄から議題に上るのが当然。真に顧客指向を標榜するならば、何を置いてもその検討が優先されるべきではないのか。指摘されれば「確かに」と納得せざるをえない、この「真理」。だが、多くの経営者はそれに気づきもしない。気づいたとしても、実行に移すのは、そう簡単なことではあるまい。

だがしかし、リーダーたちが真理を前にして腕組みをしているだけだったら、もしかしたらあなたの会社は危ないかもしれない。大久保さんは、「顧客指向」を「売り上げや利益を確保する『方便』として」とらえることの誤りを、繰り返し強調する。

本書が書かれた二〇〇一年といえば、バブル景気崩壊後の消費不況が長期化し、日本経済は文字通り先の見えないトンネルの中で右往左往という状況を余儀なくされていた。堅牢無比に思われた銀行や証券会社などが次々に倒れ、「失われた十年」が流行語となった時期である。ところで、なぜ〝巨象〟が倒れるような事態が起こったのか。それは「明治維新と戦後すぐの一大改革、これが一緒に来たような」環境変化に、対応できなかったから。そしてその環境変化とは、「官僚主権の〝社会主義市場経済〟から、消費者主権の〝自由主義市場経済〟に移りつつある過程」であると、大久保さんは喝破する。

九〇年代に入って、様々な分野での規制緩和に拍車がかかった。その結果、「官（国）が企業を守り、企業が人を守る」という旧来の図式が壊れ、人も企業も真の意味での自立が必要な時代に入ったのである。自立を知らない企業にとっては、そこはまさに氷河期であった。では、この時代に、自立して「生き残る」企業の条件とは何なのか？　新たな「主権者」、すなわち消費者、顧客の満足度向上を経営の最重点課題として追求し続けられる企業。これが大久保さんの、単純明快な答えである。

官僚に守られ、一方で指導の名の下にがんじがらめにされてきた典型的な業種である金融業を例にとって、彼はこう述べる。

皮肉なことに、この業界は大型倒産、外資導入、財閥の垣根を超えた再編の先陣を切ることになりました。これからも、従来と同じように財務省との関係強化を図りさえすれば生き残っていける金融機関があるでしょうか。答えは、明白です。ノーです。お客様や市場に目を向けることなしに生きて行くことは絶対に不可能です。（真の自由主義市場経済の到来）

その後、この業界の再編はさらに加速した。そして各金融機関は、まだまだ不十分ではあるが、他と違うサービス（新たな金融商品の開発、金利やＡＴＭ使用手数料の差別化など）を前面に、顧客獲得競争に乗り出している。時代を見る目は、まことに正しかったと言わざるをえない。

三

この五年間の「環境変化」には、本当に激しいものがあった。ようやく長かったトンネルの出口が見え始める一方、「格差」の拡大という新たな問題なども議論されるようになった。だが、そうした時間の経過を経つつも、本書は少しも「古さ」を感じさせないどころか、改めてひもといてみれば、いちいち納得させられることばかり。店頭に並ぶビジネス書の大半が、すぐに陳腐化してしまうのとは好対照である。

エバーグリーンとしての価値を持ち続けられる理由は、ものの見方の本質的なところ——立ち位置の大事さ——を、するどく突いているからであろう。問題提起を行っているのは、根っこの部分。ここがしっかりしていれば、あとはその時代に見合ったスキルなりテクノロジーなりの枝葉を広げていけばいい。

大久保さんは「私がこの本で申し上げることは難解な経営理論の類とは対極をなすものです」と〝宣言〟している。どこからか（できれば欧米から）「学説」を引っ張ってきてあれこれ論じるのは、実はそう難しいことではない。そうした手法によらず、ガチガチの前例主義に固まった官僚さえも納得させてしまう「大久保理論」の源泉は、自らが日本アイ・ビー・エムなどで培った経験にある。事実に立脚したものだからこそ、机上の論にはない説得力を持って心に落ちるのである。数々のエピソードが、本書にも登場する。九二年、それまでの名古屋支社から本社の業務改革推進本部に移った大久保さんは、「現場、第一線しか経験のなかった私にとって、本社というのは驚きに満ちた場所でした」という感想を抱く。みんなが夜遅くまで机にかじりついて、カラフルで分厚い「資料作り」に励んでいるのである。

それらをめくりながら私が抱いた率直な疑問です。

「この資料はお客様に対して、何か価値を生み出しているのだろうか？」

残念ながら、それは「ノー」でした。

多くの方が一生懸命、時間を惜しんで作業をなさっています。その懸命さは事実なのですが、そこには「何のために」「誰のために」資料を作るのか、という基本が抜け落ちていたのです。（美しい資料にはウソがある？）

現場の視点からすると「無駄のカタマリ」以上の意味がないそうした資料作りを止めさせるため、大久保さんは奔走することになるのだが、この話を読んで私は思わず膝をたたいてしまった。知事になりたての頃、幹部職員から大枚の「美しい資料」を渡された時の思いが、脳裏によみがえったからである。

本書は、企業経営者、部門のリーダーなどを主な対象にしたものだ。だが、ここに書かれていることは、日々お客さんと接する仕事をしている人、つまりはすべてのビジネスマン、ウーマンにとって得るところが多いはずである。〝立ち位置〟が変われば、発想も変わる。今まで見えなかったものが見えてくる。ぜひ本書を手に取って、そんな発見にめぐりあってほしいものだ。

（二〇〇六年九月）

新装版　あとがき

新型コロナがあぶり出したコミュニケーションの本質

二〇二〇年春から世界を覆ったコロナ禍が、リモートワークの急速な普及というかたちで、ビジネスの世界にも大きなインパクトを与えたのは、ご存知の通りです。この出来事は、働き方に変化をもたらしただけでなく、組織におけるコミュニケーションの意味を再認識させる契機にもなった、と私は感じています。

否応なしに多くの社員が自宅勤務を余儀なくされた結果、何が起こったのか？　私が知る多くの企業が、「組織力、チームワークが間違いなく低下した」と答えました。

もちろん業種によって、あるいは個人のレベルでは、「リモートは効率的で、メリットばかり」といったケースもあるでしょう。ですから、ここで、「速やかに全てリアルに戻すべきだ」などと言うつもりは毛頭ありません。ただ、少なくとも私がお邪魔した企業で、「やっぱり人は会わないと駄目ですね」「今思えば、飲み会も大事だった」という声が大半を占めた事実は、軽視すべきではないと思います。

人はリアルに会うことによって、言葉以外も含めて様々な情報交換をしているものです。職場のエネルギーの中に身を置くことが、モチベーションの向上につながることもあるでしょう。オンラインのやり取りでは、そうしたものは全部カットされます。「チームワークの低下」は、そうしたものがもたらした結果なのかもしれません。

いずれにせよ、会社の力は組織力、職場力です。個々人の能力がどれだけ高くても、それだけで会社の存在意義である価値を生み出すことは困難です。

組織力のある会社は、「三人集まったら、三人＋αの力を発揮する会社」と言い換えることもできるでしょう。そもそも、コロナ以前から「うちの組織はそうなっている」と胸を張れる会社がどれほどあったのかといえば、心許ない限り。コロナという災いは、図らずも多くの経営者が真剣に向き合うべき課題をあぶり出した、とも言えると思うのです。

では、会社の組織力を高めるためには、何が必要なのか？　「それは対話に尽きる」というのが、多くの素晴らしい企業を訪問し続け学んできた私の答えです。社内の対話が多いほど、あえて言えばビジネス以外のことも含めて、その機会が豊富なほど、職場力は向上します。

対話の効果は、意思疎通を図り、目先の仕事の能率を上げることだけではありません。話すことで、お互いの理解は深まります。ミスも減ります。相手のことがわかっていれば、いざというときに「助けてあげよう」「サポートを頼もう」という協力関係も自然に生まれてきます。

これこそが真の職場力。これが備わっている会社は、強いのです。人が辞めないんです。対話は、量と同時に質も大事です。特に上司対部下の場合、下が本音で語れなければ、対話の意味はほとんどありません。「言いたいこと」が「言いたい人」に「いつでも」言えることが大事なのです。

みんなが語り合う朝礼

ここからは、最初に本書を書いて以降に出会った会社の具体例を中心に、話をさせていただきます。

徳島市に西精工というボルト・ナットのナットを主力製品とする従業員二五〇名ほどのメーカーがあります。「日本でいちばん大切にしたい会社大賞中小企業庁長官賞」「日本経営品質賞」２回、「ホワイト企業大賞」をはじめ、経営品質に関する数々の賞を受賞した会社なのですが、その経営の質を担保する仕組みのひとつが、毎朝就業時間に行われる1時間の朝礼です。

この会社の朝礼は、部門長が伝達事項を述べたり、従業員がローテーションで今日の目標を語ったり、というのとは違います。同社には二〇〇項目に及ぶ「西精工フィロソフィー」という行動指針があります。それに則って、毎朝すべての職場で、上司も部下も思うところを語り合うのです。そこに記された理念をどう思うか、昨日の行動は指針に照らしてどうだったか、どうすればベストだったのか――。

この朝礼を見学するために、日本全国から訪問者が尽きない会社です。

お気付きでしょうか？　これは、朝礼の名を借りた立派な研修です。しかも、職場の社員みんなが本音で意見を述べ合う場になっているのです。

スピーチやプレゼンの講師をしている人が、朝礼をオブザーブして涙したことがあります。

「真剣に相手のことを理解しようとしている、本気で本音で言い合っている、このような場面を見たことがありません。理想の対話です！」

この会社では、人前でうまくしゃべれない発達障害の人を何人か雇用しています。私も実際に二人の方にお会いしたのですが、世の中ではそのような特徴の改善は困難だといわれている人が、半年、一年経つと理路整然と話すようになっているんです。まさに奇跡です。朝礼以外も含めて、社内での対話の環境が質量ともに優れているなによりの証です。

こうした社風をつくり上げた西泰宏社長が後継者として入社したのは、一九九八年のことでした。当時は、社員同士の挨拶もない暗い雰囲気、工場は汚い……、不注意による事故なども起きていたといいます。そうした状況を変えようと、大量生産時代の「こうあるべき論」に基づく社是社訓を見直して、改革の土台となる経営理念を定めたのが、二〇〇六年。さきほどの「フィロソフィー」は、そこから三年かけて、全社員とグループウェアを使ったやり取りを重ね、磨き上げたものでした。基本に置いたのは社員の幸せです。

ですから、社員にとっては、「自分ごと」です。毎朝の「研修」で繰り返しその中身を確認しつつ、本音の話し合いをすることでどうなったかといえば、現場でのコミュニケーションギャップは解消され、ミスが減り、見事に生産性がアップしました。

これも重要なところです。いくらコミュニケーションの場を設けても、時間を浪費するだけで業績の足を引っ張るのでは、意味がないのです。本音で語り合える、お互いの理解が深い職場が実現できたら、間違いなく素晴らしい成果が期待できるのです！　誰も苦しむことなく、日々生き生きと職場で働くことができるんです。

日本人はどうも対話が苦手な方が多いです。どうすれば質の高い対話ができるようになるのか、やり方やコツを多くの事例をもとに、一冊の本にして出せればと思います。

見学者を泣かせる会社

優れた企業を数多く訪問してきた中でも、格段に素晴らしいと感じるのが伊那食品工業（長野県伊那市）という会社です。中央アルプスと南アルプスに挟まれた「陸の孤島」にある、従業員五五〇名ほどの寒天製品のメーカーです。

私は、セミナーに参加する経営者をはじめ、数えきれないくらいの人を、そこにお連れしてきました。ちなみに、同社には日本だけでなく全世界から見学者が訪れます。彼ら訪問者は生産工程というより、会社の雰囲気、社風を見に来ているのでしょう。

行ってみるとわかるのですが、社員一人ひとりの自主性、自立性が半端ではありません。組織は信じられないほどフラットです。新入社員でさえどんなに役職が上の人であってもダイレクトにコミュニケーションが可能な会社です。それをやって、頭ごなしに中間管理職からダメ出しされるようなことが一切ないのです。

営業関連の人を連れて行って例外なく驚かれるのは、営業部門にノルマがないこと、もちろん個人もありません。ノルマは、全部自らが設定します。二〇一九年まで、およそ六十年間社長を務めた塚越寛さん（現最高顧問）は、「営業部門は、たぶん数字は持っていると思うよ」とおっしゃっていました。営業の幹部会議でも数字が出たことがないので、「たぶん」なのです。

では、そこで毎月何をやっているのかというと、「最近、こんなことがあった」という情報共有や、例えば新製品をどう説明したらお客様に喜んでもらえるか、といった知恵の出し合い。営業会議が、最高に創造的でアイデアを出す場になっているわけです。

これと対極にあるのが、数字を羅列して、「どうしてこうなっているんだ！」と下を締め上げるミーティングです。少なくとも、そこから新たなアイデアが生まれる余地はありません。やる気が高まることもありません。ある意味恐怖心で人を働かせようとしているようなものです。

しかし自分で自分にノルマを課すというのは、実はしんどいことでもあります。でも、上から押し付けられた数字とは、やはり意味が違います。実際、目標達成に向けたモチベーションは高く、社員の多くが高い成果を出し続けています。

ここまで述べたのは、伊那食品工業という会社のほんのわずかな一面なのですが、一般的な「経営の常識」からの〝逸脱ぶり〟は、この程度の紹介でもご理解いただけるでしょう。ところが、同社はこうした経営方針の下、驚くべきことにおよそ五十年にわたって、増収増益を維持しているのです。

そんな同社が経営の最優先の目標に明示しているのは、「規模の拡大」でも「利益追求」でもなく、「社員の幸せ」です。わかりやすい例を挙げれば、同社は基本的に毎年、複利で確実に給料が上がっていきます。昇給率が業績に左右されることはありません。「業績で変えたら、社員の幸せより会社の経営を優先することになる」という塚越さんのシンプルな思いを、後を継いだ息子の英弘さんも堅持されています。

つまり、同社の賃金体系は「年功序列」です。将来の生活設計を考えれば、社員にとってこんなに安心できる仕組みはありません。

さらに会社には、フラットな組織で自分なりの目標を設定し、やりがいのある仕事のできる環境があります。入社三十年のベテランの女性が、「月曜日に会社に行きたくないと思ったことは、1回もありません」と言っていたのが印象的でした。

だから、誰も辞めようとはしません。結果的に、多くの社員が「終身雇用」になります。優秀な人材が辞めずに働いてくれることが、これも結果として会社の業績向上に寄与するのは、言うまでもないでしょう。

もう一つだけ信じ難い事実を紹介しておくと、同社に多くの人を連れて行ったと言いましたが、その敷地や事務所の雰囲気に触れ、話を聞くうちに、涙を流す人を何人も見てきました。ある地域の私の勉強会の常連さん曰く、「大久保さんの話は素晴らしいと思いますしてとても勉強になります、ただ会社見学で社員の姿を見るだけで泣くなんていう、そのような変なありえないことを言うのだけは、やめて欲しいんですよね」と話していた経営者は、現地に行き敷地内を歩き、セミナー会場に入ってから、セミナーが終わるまでずっと涙を流し続けていました。

それなりの経験を積んでいる経営者が敷地内を歩くだけで涙する、やはり「普通の会社」ではありません。これをいま読んでいる人にも信じていただくことは難しいと思います。

社員を最優先に考える経営と、その期待に応えて自らに課した目標を達成しようとする社員の高いモチベーション、困ったことがあれば助け合うチームワークが醸し出す社風。おそらくそういうものが、訪問者に感動を与えるのだと思います。

「顧客第二」は「社員第一」があってこそ

こうした伊那食品工業の「社員を大切にする」経営は、さきほどの西精工にも通じます。例えば、中国への工場移転を勧められ、実際に同じような製造業が堰《せき》を切ったように出ていった時期に、同社は頑としてそれをしませんでした。出ていけば二倍、三倍の利益が見えていたのにそれをしなかったのは、「徳島の雇用を守る」という社長の強い思いがあったからです。

二十五年前、本書のテーマに掲げたのは、「顧客指向」「顧客第一主義」の重要性でした。もちろん、それは今でも変わりません。ただ、私はその後、当時は気付かなかったある視点に思い至りました。「顧客第一」を貫くためには、その前に「社員第一」でなくてはならない、ということです。

実は西精工も伊那食品工業にも、「顧客第一」というスローガンはありません。にもかかわらずそれが貫かれているのは、社員が言葉だけでなく、会社に大切にされているからにほかならないからです。両社を含めて多くの会社を見る中で、私はそのことを理解しました。

考えてみれば当然のことで、数字でギリギリ締め上げられている人間が、お客様のためによりよい仕事をしようという気持ちになるでしょうか。自分を大事にしてくれる会社に身を置いている社員は、自然と顧客も大事にするのだと思います。冷静に考えたら至極当然のことであると思います。

「社員第一」のあり方も、「会社それぞれ」です。

札幌市に不動産賃貸物件のメンテナンスを24時間受け付けるリペアサービスという会社があります。二〇二三年に「日本でいちばん大切にしたい会社大賞審査委員会特別賞」を受賞したのですが、社長の富田訓司さんは、以前の経営が厳しかった時期から私の勉強会に出席されていました。

そこでの学びを通じて、社員を大切にする経営に乗り出した富田さんが着目したのは、心身のハンディキャップを抱えた人たちでした。雇ってみてわかったのは、「障がいがあろうとも、素晴らしい能力を持つ人材がたくさんいる」という事実だったといいます。

積極的な採用を始めたのは、今から十年ほど前のこと。同社ホームページの「採用情報」には、具体的な募集要項の前に、こんな宣言が記されています。

「当社は障がい者、高齢者、ＬＧＢＴなどあらゆるマイノリティへの差別は一切ありません。採用基準はあなたの資質・能力のみです。」

当然のことながら、同社は慈善事業をやっているのではありません。今では通常の会社の比率を大きく超えて社員となっているハンディのある彼や彼女たちは、会社に欠かせない戦力となり、業績に大いに貢献しているのです。

ただし、富田さんは、現状で善しとは思っていません。世の中には、例えば、目や耳が不自由、思うように体が動かせない、あるいは言葉がうまくしゃべれないなど、いろいろなハンディを抱えた人が一定の割合で存在します。社員の構成比をその日本の人口比と同じレベルにしたい、というのが目標だそうです。言われてみれば、そういうことが言行一致の本当のダイバシティなのかもしれません。

東京・浅草のかっぱ橋道具街にある飯田屋の六代目飯田結太さんは、「料理道具のプロ」としてしょっちゅうテレビ番組に出演されたりしていますから、ご存知の方も多いと思います。そんな飯田さんも、二〇一七年に学生起業したＩＴ企業を人に譲って家業を継いだ当時は、苦難の連続でした。

もともと離職率の高い業種ではあるものの、とにかく人が辞めてしまう。スタッフの不満を聞いて給料を上げても、休みを増やしても、効果なし。最後は、「どうして辞めるんだ？」と問いかけた社員から、「あなたと働きたくないから」と面と向かって言われ、ショックを受けます。

彼が私の勉強会に参加されたのは、そんなタイミングでした。そこで私がお話ししたのは、例によって「働く社員を第一に考えるべき」ということです。「指は相手にではなく、自分に向けましょう」と。

あとで話をうかがうと、その日から三日間、あまりの衝撃に食事が喉を通らなかったそうです。社員のことを考えているようで、実は「売上第一主義」しかなかった自分を思い知らされ、自己嫌悪の思いに駆られたわけです。

飯田さんが立派だったのは、自分の誤りに気付き、「社員第一」の意味を理解するや、速やかに行動に出たことです。まさに天動説から地動説への転換。例えば、道具街にとって一番の書き入れ時のはずの年末年始に、店を一週間休みにすることにしました。「この時期には、社員もゆっくりしたいだろう」というのが理由です。

仕事の上では、社員の自主性を尊重する改革を行いました。それぞれに予算を持たせて、「お客さんを喜ばせるためにやってみたいこと、仕入れたいもの」に使ってＯＫ、という思い切った権限委譲を実行したのです。伊那食品工業のノルマの話と同じで、会社ではなく自分で仕入れたものならば、どうやって売ろうかと自分の頭で考えるようになります。

ただし、商品を無理に売りつけたりすることは、ご法度にしました。常にお客様がどういう道具が欲しいのかを理解することに努め、自分の店になければ他店の紹介までする。そんな究極の顧客指向を打ち出して、社員が納得するまで話をしたのです。

お客様が喜ぶのを見て、嬉しくない社員はいません。飯田屋は、徐々に「こんな社長と働きたい職場」になりました。

その年の三月決算を締めた飯田さんからは、「大久保さん、えらいことが起きた」と報告を受けました。「給料を上げ、休みを増やし、社員に権限を与えたら、創業一〇六年以来最高の業績になりました！」と言うのです。それ以降、同社の売り上げは、前年を超える成長を記録しています。離職率は、なんとゼロになりました。

制度、仕組みでは会社は変われない

トップが「社員第一」「顧客第一」の経営を実践し、成長を維持している企業、劇的な変化を遂げた会社の例を挙げました。いずれも、一般に語られる経営の常識とは一線を画している点、なにより主人公である社員が主体性を持って、生き生きと日々の仕事に向き合っているところ、上司の役割は部下を幸せにすること、これらが共通項でもあります。

ただ、残念ながら、日本にはこれと真逆の会社が山ほどあります。例えば、日本を代表する総合電機メーカーだったT社は、二〇一五年に発覚した粉飾決算をきっかけに経営危機に陥り、事業の撤退や「切り売り」などを余儀なくされた末に、十年待たずに上場廃止となりました。

中小企業と上場大企業のマネジメントを同列には論じられない、とおっしゃるかもしれませんが、根本は変わらないと私は思っています。歴史ある会社を「崩壊」させるのは、経営トップの「こんな数字で、君はどうするつもりなのだ」のひと言です。部下を慮る気持ちに欠けていた経営者。いつのまにか、お客様よりも上司の要求に応えることに、汲々となっていた幹部社員たち。それが、あの悲劇を生んでしまったのではないでしょうか。ある意味、とても単純な話です。

事件発覚前の同社が「ガバナンス（企業統治）の優等生」だったことも、忘れるわけにはいきません。不祥事の多発を背景に、企業にはガバナンスの強化が喫緊の課題とされました。具体策の一つが、社外取締役制度の拡充です。独立した立場で経営に関与する社外取締役の数を増やし、その役割を強化することで、健全な企業活動を担保させようというわけです。同社は、先陣を切ってこの仕組みを整えていました。

社外取締役の制度が日本に本格的に導入される際に、「大久保さんは、どう思われますか？」と何人かの方から聞かれたので、私は次のように持論を述べました。

「制度や仕組みを変えたからといって、それだけで会社が良くなることはあまり期待できません。企業経営にとって重要なのは、仕組みを整えること以上に、その仕事を誰に任せるかです」

早い話、実際にはＣＥＯの気に入った人間だけを社外取締役に置くこともできるでしょう。案の定、ガバナンスが「抜本強化」されたはずの今も、大企業による検査データの改ざんや下請けいじめをはじめとする事件が、相次いで明るみに出ています。

顧客指向を貫くのも、不正に手を染めるのも、つまるところ人なのです。繰り返しになりますが、それは大手企業であっても変わりません。

二〇〇六年一月の東京三菱銀行とＵＦＪ銀行の合併に先立って、私は約半年間、支店長や本社の企画、財務などのスタッフを集めた両行合同の研修をやらせていただきました。当時の東京三菱の頭取がたまたま本書を読んで下さり、「ぜひ風土改革のご指導をお願いしたい」ということになったのです。私のような人間が日本を代表するトップバンクに何かできるのか、お役に立てるのかどうか全く自信がありませんでしたのでお断りしたのですが、「ほんの少しだけでも」ということでお受けしました。

大企業同士の合併にはただでさえ困難が伴うのですが、金融機関の場合には、システム統合というとても高いハードルがありました。実際、内部も、合併方針を聞いた世間も、「システムは大丈夫なのか」という話が大きなウエートを占めていたと思います。

しかし、あえて私が強調したのは、「システムの前にお互いの心の統合に焦点を合わせることが大切です」ということでした。組織力の発揮には人の心を合わせるという欠かせないその大切な部分が、当時はすっぽり抜け落ちているように感じられたからです。

両行のメンバーが集まるのは、月に数回。結果的には、この取り組みは大成功だったようです。研修の中身もさることながら、そこで顔を合わせ本音で話し合うことの大切さを学びました。参加者に「お互い同じ状況に置かれた人間なんだ」という想像を超えた一体感が生まれたのには、私も少々驚きました。ことほど左様に、面と向かって会い、話すことには意味があるのです。細かい話ですが、いつもの事務所の会議室ではだめなんです。物理的に離れた場所で行うことです。

研修でお話ししたのは、ここまで縷々《るる》述べてきたことと一緒です。そういう場を重ねることで、徐々に円滑なコミュニケーションが可能になり、合併後には、頭取から「あえて心にスポットを当ててもらったおかげで、組織の統合は非常にスムーズでした」という評価をいただくことができました。

経営者の自己変革から始めよう

「経営がうまくいかない。どうしたら会社を変えることができるのか」という経営者の悩みは、変わるところがありません。

「まずは、社長自身がいい会社にしたいという思いを持つことが大事」。それが私の答えです。「いい会社」とは、繰り返しお話ししたように「社員が生き生きと働き、その結果、お客様に価値を提供し続けることのできる会社」です。それを実現しようと思ったら、事業の拡大や利益の追求を出発点にするのとは、違うアプローチが必要になります。

「社員のために」というのは、よりわかりやすく表現すれば、「縁あって入社してくれた人に幸せな人生を歩んでもらおう」という思いです。目の前にある様々な問題をいったん脇に置いて、一度この発想から会社のあり方を考えてみてはいかがでしょうか。おそらく今まで見ていたのとは全く違う景色が、頭の中に広がってくると思います。

会社は、仕組みをいじったり、他の誰かに指図したりしていても変わりません。経営がうまくいかないのは、経営者という「人」に問題があるから。だったら自分自身が自己変革をするしかないのです。

信じていた天動説を地動説に変えるのは、辛いことかもしれません。でも、私に言わせれば、これは案外簡単なのです。他人を変えることはできませんが、自分が変わればいいのですから。

二〇〇〇年代に入って実用性の高いＡＩが出現し、瞬く間に社会実装されたのもインパクトの大きな事象でした。会社も個人もそれを能動的に使いこなすのか、それとも「答え」を鵜呑みにするだけなのかで、行く末が決まってしまう。そんな、かつて想像できなかった状況が生まれつつあります。ＡＩの時代は、今まで以上に個々人の経験と判断力が必要になると思います。

これからも、時代はますますそのスピードを速めていくでしょう。しかし、会社というものが存在する限り、その使命（世の中に価値を提供する）も、生き残りのために必要なこと（社員を大切にし、顧客第一に徹する）も、変わることはないのです。

そのことに確信を持ち、ぶれることなく「真の価値」を追求してほしいと思います。

七十五年生きてきて　最近見えてきたこと

難しいことは何もない　本質は極めてシンプルであるということ
多くのことは　そうなるようにしているだけであるということ

人がすぐに辞めてしまう

会社や職場が、先輩達が辞めさせているだけのこと、
認めてくれないから
人間関係がよくないから
制度や仕組みを変えてもそれだけで解決することはありません、無駄です
本質のところを変えない限り、いつまでたっても人は辞めていくだけのことです

良い人が来てくれない

採用の仕方を工夫しても無駄です

それだけの会社だから、魅力がないから、
今の社員に「わが社はこんなに素晴らしいぞ、来たらどうだ！」と
言ってもらえないから
そこで働いている人がつまらないから、生き生きしていないから
前向きでないから、不満が沢山あるから
そんな職場に良い人が来るわけありません
当然のことです

人が言った通り動いてくれない

そんなものです
人は言った通り動かないものです
それでは仕事は進みません
原因はあなたから言われたので動かないだけです
やる気が出ないんです
相手を責めても叱ってもだめです、
そんなことでやる気がでるなら、仕事が前に進むなら実に簡単です

厳しくすればするほど相手との溝が深くなるだけです
押さえる場所が違うんです
言った通りに動いてもらえるような自分になるしかないんです

信頼されてない人は何を言っても無駄
正しいことを言ったら、人がその通りに納得して動く
などということはありません
正しいことを言っているのに、なぜ受け入れてもらえないか？
とても簡単な理由です
あなたが言っているからです
あなたの日頃の言動が、周りの人からより信頼されるようになっていないからです
言い方、伝え方をいくら改善しても　大切なところを変えない限り
それでうまくいくことはありません

正論は無力、無意味

正論で人は納得するものではありません

正論を主張し合えば、そこに生まれるのはお互いの乖離だけです
親子で、夫婦で、仲間内で　正論を言い合って
そのあとうまく進んだ経験がありますか？
時に正論は不可欠です、そんなことは当然です
ただ　日々生きていくうえで
正論が説得力のないことを肝に銘じておく方がよいのです
正論を主張せず　ひたすら相手のことを理解しようとすれば
変わらないと思っていた相手が変わるんです
信じられないような奇跡が起きるんです

他人が話を聞いてくれない

あなたの話がつまらないからです、価値がないからです
やたら長いからです、自分のことばかりだからです
「人は話を聞いてくれない」とぼやく前に
あなたはどれだけ人の話を聞いていますか
理解しようとしていますか

物事には順序があります
実は聞くことが先なんです

なんでそんなことをするのか

相手には必ずそうする理由があります
正しいとか間違いに関係なく　必ず理由があるのです
そこを深く正しく理解することが　何よりも大切なんです
自分の物差しを当てはめず　相手の気持ちになりきることです
腹も立たなくなります
どれほど正しい指摘をして変わるように話しても、
人が変わることは期待できません
人は理解されたとき変わるんです
相手が変わらないのは、自分の言葉を受け入れてくれないのは
あなたが相手の気持ちを分かっていないからなんです
どこまでも相手を理解すること　その時奇跡的な変化が生まれてきます

人を変えることはできません

これは基本中の基本です
もし力づくで変えることができたとしたら、それは表面だけ、
中身は決して変わっていません
外からの圧力が無くなれば、瞬時にもとに戻ります
人を変えることはできませんが、人は変わることはできます
本人が変わりたくなる　環境、条件、状況、思いを創ることです
それには知恵と工夫と思いやりが必要です

人は自分が見えていません

「いつ怒鳴った！」と怒る人
日頃表情が大切と言っているのに　本人はいつもしかめっ面
自分の周りに鏡をおいて置くと良いです
あまりの良くない表情に驚くことでしょう
私ぐらい立派な人間はいない、私は相当のものだ

そう思っている人は　間違いなく自分が見えていない人です
自分より立派な人に出会っていないんです
それとも会っていてもそれが分からないのかもしれません

つまるところ　すべては自分に原因があるということです

自分の外に原因はないんです
相手を変えようとするのでなく、自分の言動、あり方を変えることなんです
これ以外に道はないと思います
自分を変えるというのは、なかなかきついことです
自分を変える
誠に　言うは易く行うは難し
しかし行わない限り　何も変わることはありません
全て当然のことばかりです

令和七年二月

大久保寛司

装幀　森　裕昌（森デザイン室）

『人と企業の真の価値を高めるヒント』二〇〇六年九月二十五日　中公文庫
「新装版　まえがき」「新装版　あとがき」は書き下ろしです。

大久保寛司

1949年3月生まれ。1973年、日本IBM入社。92年に業務改革推進本部、94年にCS担当。お客様重視の仕組み作りと意識改革に専念。2000年4月に退職し「人と経営研究所」を設立、所長に就任。人と経営のあるべき姿を探求。相手の立場に立った分かりやすい説明により、指導・講演依頼が多数寄せられている。幹部対象のリーダーシップ研修、風土改革は高い評価を得ており、とくに気付きを引き出す研修は、参加する人の意識を大きく変え、実施した企業・自治体等から絶賛されている。ここ数年は、札幌から沖縄まで全国各地で定期的勉強会を開催、参加者の多くが行動変容を起こし好評を博している。著書に、『あり方で生きる』『いま、目の前にいる人が大切な人』〔プロデュース、坪崎美佐緒著〕(以上、エッセンシャル出版)、『考えてみる』(文屋) 他多数。

新装版《しんそうばん》
人《ひと》と企業《きぎょう》の真《しん》の価値《かち》を高《たか》めるヒント

2025年3月10日　初版発行

著　者　大《おお》久《く》保《ぼ》寛《かん》司《じ》
発行者　安 部 順 一
発行所　中央公論新社
〒100-8152　東京都千代田区大手町1-7-1
電話　販売 03-5299-1730　編集 03-5299-1740
URL https://www.chuko.co.jp/

ＤＴＰ　ハンズ・ミケ
印　刷　共同印刷
製　本　小泉製本

Published by CHUOKORON-SHINSHA, INC.
Printed in Japan　ISBN978-4-12-005891-2 C0034